AF296971

LOUTREL
RELIEUR
44, RUE DE
BOURGOGNE

# BAILLIAGE ROYAL

ET

## SIÉGE PRÉSIDIAL DE SAINT-PIERRE-LE-MOUTIER.

ÉTAT DE CETTE JURIDICTION EN 1789

PAR MM. DUMINY ET MEUNIER.

# BAILLIAGE PROVINCIAL

## DUCHÉ-PAIRIE DU NIVERNAIS.

ÉTAT DE CETTE JURIDICTION EN 1789

PAR M. MEUNIER.

*Extrait du Bulletin de la Société nivernaise des lettres, sciences et arts.*

NEVERS,

IMPRIMERIE G. VALLIÈRE,

Place de la Halle et rue du Rempart, 20.

1894

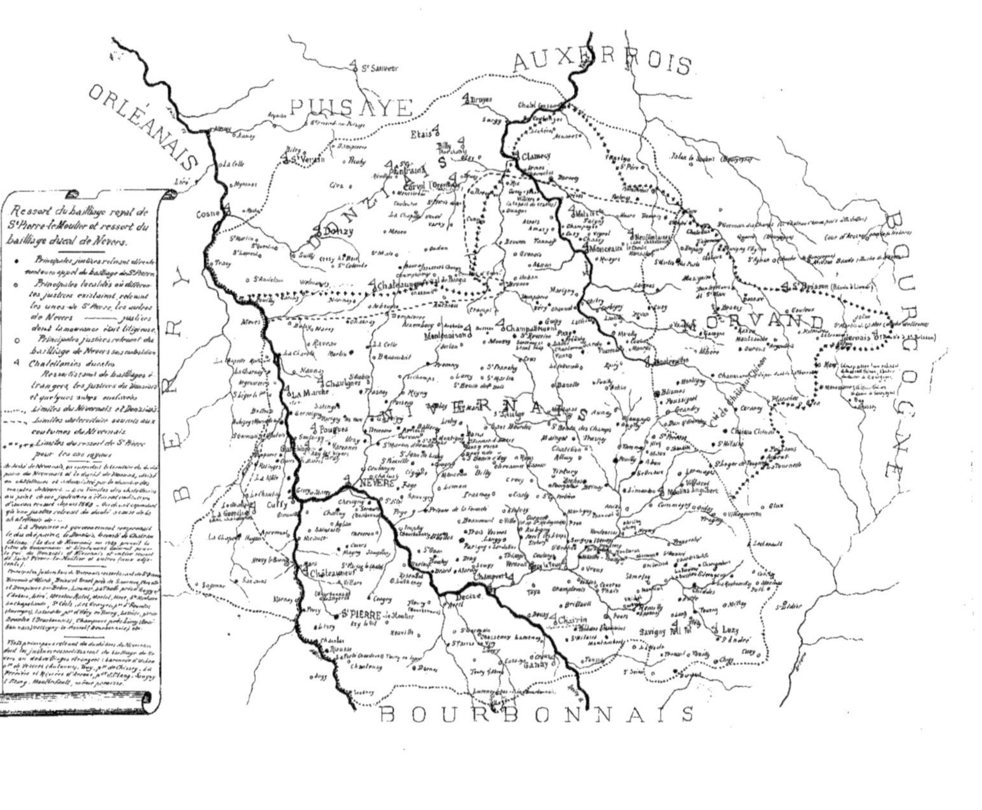

ORLÉANAIS
AUXERROIS
PUISAYE
BOURGOGNE
MORVAND
BERRY
NIVERNAIS
BOURBONNAIS

Ressort du bailliage royal de
St Pierre-le-Moutier et ressort du
bailliage ducal de Nevers.

Principales justices relevant directement ou en appel du bailliage de St Pierre
Principales localités où différentes justices existaient, relevant
les unes de St Pierre, les autres
de Nevers ——— justices
dont la mouvance était litigieuse.
Principales justices relevant du
bailliage de Nevers sans contestation
Chatellenies ducales
Ressortissant de bailliages é-
trangers, les justices du Donziais
et quelques autres enclavées
Limites du Nivernais et Donziais
Limites du territoire soumis aux
coutumes du Nivernais.
Limites du ressort de St Pierre
pour les cas royaux

# BAILLIAGE ROYAL

ET

## SIÉGE PRÉSIDIAL DE SAINT-PIERRE-LE-MOUTIER.

ÉTAT DE CETTE JURIDICTION EN 1789

PAR MM. DUMINY ET MEUNIER.

# BAILLIAGE PROVINCIAL

DUCHÉ - PAIRIE DU NIVERNAIS.

ÉTAT DE CETTE JURIDICTION EN 1789

PAR M. MEUNIER.

*Extrait du Bulletin de la Société nivernaise des lettres, sciences et arts.*

NEVERS,

IMPRIMERIE G. VALLIÈRE,

Place de la Halle et rue du Rempart, 30.

1894

# AVANT-PROPOS.

L'examen de l'organisation judiciaire du Nivernais, dans les années qui ont précédé l'abolition de l'ancienne monarchie, doit porter sur les justices du pays, et comprend également l'étude des limites, exactes autant que possible, des ressorts des différentes juridictions. Cet examen conduit aussi à constater ce qu'étaient à l'origine la justice et le fief.

La justice comportait d'autres éléments que le pouvoir judiciaire et précéda le fief.

L'impôt romain, tombé dans le domaine privé des chefs barbares, avait formé les droits de justice. Ces droits furent le principal élément de la richesse seigneuriale, lequel, né sous l'occupation romaine, ayant persisté durant l'invasion germanique, se perpétua sous le régime féodal. Ils se composaient des services personnels dus aux seigneurs justiciers, des corvées, des censives, etc. Ils étaient essentiellement personnels et tyranniques, utiles et productifs, à ce point que le seigneur justicier a pu être appelé à bon droit le seigneur par excellence.

Quant aux droits et aux devoirs dérivant du fief, ils n'avaient rien de tyrannique, et on a pu les appeler amicaux. Ces droits résidaient dans le fief et non dans la justice ; ils s'appliquaient à la propriété du sol, tandis que les droits de justice frappaient la personne des sujets.

De la sorte, la justice pouvait exister sans fief, le fief pouvait exister sans justice. Si la justice et le fief étaient réunis dans la même main, ces deux éléments, le premier, élément de la puissance publique, le second, élément de la propriété, étaient cependant distincts.

En fait, la justice et le domaine furent le plus souvent unis, parce que la recommandation et le vasselage avaient opéré cette réunion; mais le vassal continuait à faire, d'une façon spéciale, dans les actes, hommage pour la justice, hommage pour le fief.

Ces deux institutions avaient cela de commun, d'ailleurs, qu'elles s'étendaient sur un territoire; mais, tandis que le fief était représenté par le domaine, la justice était représentée par la châtellenie.

Dans sa châtellenie ou château fort, seul bien qu'il possédait parfois sur un territoire soumis à son ressort, alors que le domaine appartenait à un propriétaire autre que lui, le seigneur justicier faisait rendre la justice. Là, ses agents percevaient les droits de justice; là, dans un tribunal, s'exerçait le droit de juger.

Quand le roi parvint à faire décider que toute justice émanait de lui seul, les tribunaux seigneuriaux, dépouillés de leur indépendance, produisirent uniquement des revenus. Ils subsistèrent ainsi jusqu'en 1789. Sous la qualification de justices basses, moyennes et hautes, ressortissant à de grands tribunaux, formèrent jusqu'au bout l'administration de la justice inférieure.

Longtemps, en effet, les seigneurs justiciers ou féodaux s'étaient disputé les justiciables comme des gens imposables à merci. L'exercice de la justice n'avait été qu'une exploitation de profits de justice, et par suite de l'anarchie, les droits de justice, aussi bien que le droit de juger et la police amalgamés, avaient été accaparés par les seigneurs féodaux. Mais successivement le roi, justicier d'abord dans ses possessions (le comté de Paris), puis dans les provinces qui tombèrent, tour à tour, sous sa domination, forma son royaume et fit de la royauté autre chose qu'une puissance féodale et justicière. Le droit de juger ne fut plus dès-lors une concession inféodée, mais l'émanation du pouvoir souverain : la souveraineté de la justice pour le bien commun devint une règle générale ; le commandement ainsi que la police furent retirés aux justiciers et désormais exercés, pour la sécurité publique, par le roi seul. Ainsi que M. Faustin Hélie, dans son livre sur l'instruction criminelle, l'explique, le roi se fit reconnaître comme étant *généralement souverain justicier, généralement propriétaire* des terres du royaume, *généralement garde* des églises, et fit planer ainsi sa souveraineté sur l'ensemble des institutions sociales. (Tome Ier, p. 415 et suivantes.)

Les légistes consacrèrent cette nouvelle façon d'envisager les choses par la maxime : « *Omnia sunt regis,* » basée sur ces deux principes : « Toute justice émane du roi. » — « Le roi est souverain fieffeux du royaume. » Ils rangèrent les justices dans la hiérarchie féodale en supposant que les seigneurs justiciers tenaient tous du roi la justice et le fief. Ils enseignèrent qu'en sa qualité de justicier immédiat ou suzerain, le roi pouvait établir les impôts que devaient payer ses sujets. Enfin ils enseignèrent que le roi était propriétaire universellement de toutes les terres du royaume, puis, d'une manière plus spéciale, qu'il avait une directe universelle.

C'est alors que les alleux, c'est-à-dire la propriété libre, disparurent et que le fisc dépouilla les seigneurs justiciers de la plupart de leurs droits utiles : rivières navigables, mines, monnaies, etc.

Par un retour aux principes de la puissance impériale et du droit romain, l'exercice de la justice était revenu à sa condition primitive, et l'on peut dire que cette attribution exclusive à l'autorité royale du pouvoir judiciaire ne rencontra pas de résistances très-vives, les seigneurs justiciers demeurant nantis des produits utiles, des profits résultant des condamnations, amendes, confiscations, etc.

Cette sorte d'absorption de l'exercice de la justice avait eu lieu par les moyens suivants :

1° L'établissement des Parlements, avec faculté générale d'appel ; 2° la création des cas royaux ; 3° l'obligation par les seigneurs de faire recevoir les officiers désignés par eux à la nomination royale, de sorte que les seigneurs justiciers n'avaient plus ni le droit de juger, ni le pouvoir de conférer ce droit à personne ; 4° enfin, l'action persévérante des officiers royaux qui, partout où leur pouvoir était une fois implanté, amoindrirent avec acharnement la compétence et le territoire des tribunaux seigneuriaux.

L'établissement d'un bailliage royal à Saint-Pierre fut un des nombreux actes par lesquels les rois rattachèrent à leur autorité souveraine les liens que l'anarchie avait brisés. Les juges royaux s'efforcèrent, là comme partout ailleurs, de faire entrer le pouvoir royal par toutes les brèches, par tous les interstices, s'emparant de ce qui échappait à la compétence des juridictions voisines. Mais cette institution de Saint-Pierre perdit vite de son importance et n'acquit pas la prépondérance qu'elle semblait devoir conquérir.

Son voisinage avec le solide bailliage de Nevers la maintint fatalement dans une médiocrité incurable ; mais, unique justice royale du pays, elle fut conservée comme représentant indispensable du roi en Nivernais. Au bailliage de Saint-Pierre étaient réservés les cas royaux ; de lui relevaient ceux des bailliages du Morvand qui étaient indépendants du duché, les justices annexées aux francs-alleux, celles qui étaient d'origine ecclésiastique ou appartenaient à des établissements ecclésiastiques. Bien qu'étant dans le ressort d'autres bailliages, des fiefs comme Champfrault, La Cordille, Sainte-Marie, Villabon, Berry, Ville-quiers, Ouzouer, Lechambrier, possessions du prieuré de La Charité, enclavés dans le ressort du bailliage de Bourges, relevaient à ce dernier titre, en vertu de lettres de garde-gardienne, du bailliage de Saint-Pierre.

Le duché de Nivernais, n'ayant jamais fait retour à la couronne, avait conservé son organisation féodale autant que les exigences supérieures de la monarchie l'avaient permis. Non absorbé par le pouvoir royal, ni entamé, ni amoindri, il eut même comme un rajeunissement au dix-huitième siècle. Les pamphlets du temps traitent la chose de réaction féodale. En effet, le bailliage de Nevers prenait l'étiquette de provincial ; le duc faisait valoir encore ou renaître des droits de justice ; le roi négligeait en sa faveur les droits royaux sur les rivières, les jurandes, les offices et la justice. L'administration, la police des villes étaient à la merci du duc. Celui-ci tranchait du suzerain, vendait, affermait, baillait à cens les murs et les fossés de Nevers, obtenait que les notaires royaux prissent des patentes de lui ; enfin il établissait les déclarations sèches de trois livres pour chaque héritage, c'est-à-dire une sorte d'impôt.

Cet état de choses particulier au Nivernais est intéressant, puisqu'il se manifeste comme un vestige encore vivace de souveraineté féodale et nous offre en 1789 ce spectacle singulier des officiers du bailliage ducal de Nevers convoquant les électeurs aux Etats-Généraux, concurremment avec le bailliage royal de la province, qui siégeait à Saint-Pierre-le-Moûtier.

Du réseau de liens fiscaux qui enserrait encore, en 1789, le Nivernais, nous connaissons les grandes lignes et les principaux nœuds. Les deux organes du gouvernement ducal étaient la Chambre des comptes et le bailliage. La division du pays en châtellenies servait de cadre à la fois administratif et judiciaire. C'est ce cadre, au point de vue de l'administration de la justice, que nous avons voulu reproduire avec quelques détails. Il est précédé d'un tableau de la justice royale de Saint-Pierre-le-Moûtier.

Nous avons donné la nomenclature des justices en respectant les procès-verbaux des dernières assises, l'ordre et l'orthographe des noms adoptés par les greffiers. On remarquera l'indifférence avec laquelle était envisagé l'intérêt qu'il y avait à posséder un état exact des tribunaux. Les greffiers se préoccupent peu des modifications apportées dans l'état des justices ; quand ils s'en préoccupent, c'est souvent pour faire des annotations erronées ou mal appliquées. Ils se bornent à reproduire successivement l'état qui précède sur le registre, et indéfiniment font figurer des justices qu'on a cessé depuis longtemps d'exercer ou qui ont été conquises par une juridiction voisine.

Nous avons réuni des notes sur les mouvances et les ressorts : travail difficile et compliqué, parce que, dans le Nivernais, le morcellement des terres en fiefs était considérable et que des fiefs sans importance avaient des seigneurs justiciers. Puis, justice et fief n'étaient pas toujours unis. La connexion n'était pas constante comme en Normandie, province réfractaire à la divisibilité des fiefs, et dans quelques pays où elle était de règle.

On trouve des actes de foi et hommage s'appliquant seulement : à la haute, moyenne et basse justice, et plusieurs rentes bordelières sur différents héritages..., aux trois quarts de la justice de... à partir pour l'autre quart avec..., etc. ?

Les juridictions seigneuriales de dernier ordre étaient fort nombreuses : elles se confondaient parfois avec l'étendue d'une métairie. Mais le nombre des juges était restreint, parce que ces magistrats étaient souvent juges de plusieurs justices à la fois.

Dans l'organisation judiciaire d'alors le personnel valait généralement mieux que les institutions. Assez rares sont les critiques contenues dans les cahiers de 1789 contre les membres des corps judiciaires des localités importantes.

Cependant, un fait particulier au Nivernais, c'est que le personnel de la justice royale y était discrédité, tandis que les magistrats du bailliage ducal étaient fort respectés, bien que gardiens de droits considérés comme odieux par la plupart de leurs justiciables.

# BAILLIAGE ROYAL ET PRÉSIDIAL

## DE SAINT-PIERRE-LE-MOUTIER.

## ÉTAT DE CETTE JURIDICTION EN 1789.

### NOTE PRÉLIMINAIRE.

On sait que la féodalité avait démembré à l'infini la propriété et la souveraineté. Si la royauté reprit avec le temps
la souveraineté politique et militaire, les possesseurs de fiefs
conservèrent jusqu'en 1789 les profits pécuniaires de leurs
fiefs, à titre de droits réels, de telle sorte qu'avec le temps on
peut dire que l'assujettissement des terres avait plutôt
augmenté. Tous les droits féodaux appartenant aux seigneurs, comme souverains et comme propriétaires, et qui
avaient perdu leur caractère politique, avaient été conservés
comme droits pécuniaires : d'autre part, sous forme d'im-
positions royales, les charges qui pesaient sur la terre s'étaient
accrues. (*Les Démembrements de la propriété foncière en
France avant et après la Révolution*, par Emile Chénon.)

L'objet de cette note est une étude sur un des démembrements de la souveraineté : *les droits de justice*. Remarquons
qu'on serait tenté de considérer aussi ces droits de justice
comme des démembrements de la propriété ; en effet, ainsi
que les banalités, les corvées, ils étaient exercés dans l'étendue d'un territoire et sur les habitants de ce territoire par
cela seul qu'ils l'habitaient.

I

Mais avant de donner l'état des justices royale, ducale et seigneuriales du Nivernais, nous rechercherons :

Que fut le bailliage de Saint-Pierre dans l'origine. Quel était son état à la veille de la Révolution.

Quelle était géographiquement l'étendue du ressort de la juridiction royale en Nivernais exercée au bailliage royal et siége présidial de Saint-Pierre-le-Moûtier. Sur quelle surface de territoire les coutumes du Nivernais étaient suivies.

Quelles furent les conséquences singulières nées du contact ou de la coexistence dans une même province du bailliage royal de Saint-Pierre avec le bailliage du *duché-pairie de Nivernais*.

Comme l'établissement d'une justice royale à Saint-Pierre se lie entièrement à la constitution *du domaine royal*, rappelons d'abord :

Que, par domaine royal, on désignait l'ensemble des terres du royaume dans lesquelles le roi avait non-seulement *un droit de souveraineté*, mais encore un droit de *propriété ou de seigneurie*.

De ses terres propres le roi était *propriétaire*, en ce sens que les habitants, nobles, bourgeois, vilains, hôtes, serfs, étaient soumis à son autorité directe.

Des terres sur lesquelles il avait une *suzeraineté immédiate* il n'avait d'autre droit que celui d'exiger des vassaux à qui ces fiefs appartenaient l'exécution de leurs devoirs féodaux. Il n'était pas propriétaire de celles-ci, mais seulement *suzerain immédiat* : on disait que les fiefs qui les composaient relevaient directement de sa personne, par opposition aux domaines féodaux, possession des grands feudataires ou de petits seigneurs qui n'étaient pas les vassaux directs du roi.

Comme, en dehors de sa qualité de propriétaire de certaines terres et de sa qualité de seigneur féodal immédiat de certaines autres terres, le roi exerçait sur tout son royaume *ses droits royaux*, nous aurons à considérer, suivant les cas, le bailliage royal et siége présidial de Saint-Pierre comme représentant le roi, soit comme propriétaire, soit comme suzerain immédiat, soit comme roi, dans l'administration de la justice que les juristes déclaraient d'une façon générale *émaner de lui.*

D'après le compte général des revenus du roi en 1202, conservé par Brussel, le domaine du roi se composait, entre autres possessions, du Nivernais.

Or, le roi avait bien à Saint-Pierre, en Nivernais, sa tour carrée, comme un signe matériel de sa qualité de propriétaire et de suzerain immédiat; mais en présence du peu d'étendue de son domaine en Nivernais, c'est le cas de ne pas oublier que souvent les domaines du roi n'étaient pas continus; qu'ils étaient formés de seigneuries ou de possessions distinctes, séparées par d'autres terres dont le roi n'était *ni le propriétaire ni le seigneur immédiat.* Le roi n'y possédait pas le territoire entier, mais seulement des terres plus ou moins nombreuses.

Le domaine royal s'est créé ou agrandi au moyen d'acquisitions à prix d'argent, au moyen de certaines concessions, mais souvent aussi au moyen de *traités de pariage* conclus quelquefois avec des seigneurs laïques, plus ordinairement avec les seigneurs ecclésiastiques. Par ces traités le roi obtenait de partager le pouvoir et les revenus des seigneuries qu'il ne pouvait incorporer, mais dont il devenait co-seigneur et préparait ainsi la réunion totale de certains territoires au domaine.

On a constaté que ces traités devinrent fréquents à partir de Philippe le Bel.

C'est par un traité semblable que fut établi à Saint-Pierre le domaine du roi.

ORIGINE DU BAILLIAGE DE SAINT-PIERRE ET DU PRÉSIDIAL.

En l'année 1165, l'abbé de Saint-Martin d'Autun, de qui dépendait le prieuré de Saint-Pierre-le-Moûtier, avait associé le roi Louis le Jeune *à sa justice* par un traité de pariage. La justice fut rendue depuis lors au nom du prieur et au nom du roi par deux représentants différents des seigneurs associés.

Telle fut l'origine de la prévôté royale établie à Saint-Pierre-le-Moûtier. Tous les auteurs sont d'accord sur ce point. Il en est différemment en ce qui concerne la fixation de l'époque de l'établissement du bailliage royal de cette ville.

D'après Guy-Coquille, le roi Philippe-Auguste aurait créé quatre grands bailliages royaux qu'il aurait établis à Vermandois-Saint-Quentin, Sens, Mâcon et Saint-Pierre. C'est aussi l'opinion de Ducange, de La Mare, le président Hénault, et cette opinion a été reproduite par les écrivains nivernais, l'auteur de l'*Almanach de la ville de Saint-Pierre-le-Moûtier* pour l'année 1776, Née de La Rochelle (1), Gillet (2), Duclos (3) et Amédée Jullien (4). Selon ces derniers auteurs, le bailliage établi à Saint-Pierre en 1222 fut transféré à Bourges en 1274 et définitivement replacé à son premier siége en 1374, peu de temps après que le Berry fut sorti du domaine royal, par suite de l'apanage constitué par le roi Jean au profit du duc Jean, son fils.

D'un autre côté, Brussel déclare qu'en ce qui concerne Saint-Pierre-le-Moûtier, on n'y connaissait pas encore le bailliage royal à la fin du treizième siècle (5), et Parmentier, en parlant du même ressort, dit : « Je crois qu'il n'existait pas encore en 1316 (6) ».

Suivant La Thaumassière « le premier siége du Berry a été Bourges et non Saint-Pierre-le-Moûtier (7) ».

(1) *Mémoires sur le Nivernais*, t. II, p. 267.
(2) *Annuaire* pour l'an IX, p. 108.
(3) *Annuaire de la Nièvre* pour 1845, p. 123.
(4) *Le Nivernais à travers le passé*, p. 89.
(5) *Traité des fiefs*, t. I, p. 517.
(6) *Archives de Nevers*, t. II, p. 299.
(7) Page 45.

De plus, Bertin de Blagny, dans une dissertation insérée dans les *Mémoires de l'Académie des inscriptions* (1), démontra en 1749 que jamais Philippe-Auguste n'avait créé les quatre grands baillages dont parle Guy-Coquille.

Il nous semble difficile de faire remonter la création du siége de Saint-Pierre avant la seconde moitié du quatorzième siècle. Les registres du Parlement ou aucuns actes officiels n'y font allusion avant cette époque, tandis que les *Olim* font mention d'un bailli à Bourges dès 1254. On lit dans ce recueil, à la date de 1265, c'est-à-dire avant le prétendu transport à Bourges, la déclaration suivante : « *Inhibitum est balivo Matisconensi ne justitiet in comitatu Nivernensi quia idem comitatus consuevit justiciari et esse de ressorto balivorum Bituricensis et Senosensis.* »

En 1271, les limites des bailliages de Bourges et de Mâcon sont ainsi fixées : « *Concordatum fuit et preceptum per curiam quod a parte Burgondie justitiet balivus Bituricensis usque ad flumen quod vocatur Arroux, et curri suptus villam Eduensem et descendit in Ligerim. Balivus vero Matisconensis justitiet ultra fluvium prœdictum quod vocatur Arroux et non citra ; à parte quidem Alvernie justitiet balivus Bituricensis ea quœ sunt in episcopatu Alvernie et citra et balivus Matisconensis comitatum Foriensem justitiet et non citra.* »

Il résulte de ces textes que, dans le treizième siècle, le comté de Nevers avait sa partie nord du ressort de Sens et le surplus de celui de Bourges, et que ce dernier étendait sa juridiction jusqu'à l'Arroux. On ne peut donc pas admettre qu'il y eut alors de bailliage à Saint-Pierre. On voit dans les *Olim* qu'en 1270 le bailli de Bourges ordonne au prévôt et au prieur de Saint-Pierre-le-Moûtier de procéder à une enquête à Sancoins. « *Per prepositum et priorem de Sancti Petri Monasterio super hoc veritatem inquiri mandavit.* » Son ressort s'étendait donc sur ces deux localités.

(1) T. XXIV, pages 547 et 1.

En 1358, Saint-Pierre dépendait encore du bailliage de Bourges, ainsi qu'il résulte d'une ordonnance du régent, rendue pendant la captivité du roi Jean, son père, d'après laquelle les terres du duc Louis de Bourbon qui ressortissaient à ce bailliage royal « soit à Dun, soit à Centquoins ou à Saint-Pierre-le-Moustier ou ailleurs (1), » devaient désormais ressortir à Dun-le-Roi. Le *Cartulaire de La Charité* contient une lettre de Jean II au bailli de Saint-Pierre, à la date du 6 mars 1362. « *Balivo de Sancti Petri Monasterio* (2). »

Ce bailliage fut donc créé entre le mois d'août 1358 et le mois de mars 1362, c'est-à-dire à la fin du règne du roi Jean, à l'époque où fut constitué l'apanage du duc de Berry ; mais ce n'était pas là *un retour du bailliage à Saint-Pierre* ; il était fixé ainsi à Saint-Pierre pour la première fois.

Le premier bailli fut probablement Pierre du Pertuis, mort vers 1367. Le jeudi 21 mars 1370 Pierre de Gand prêta serment en cette qualité devant le Parlement de Paris (3).

Le présidial fut établi à Saint-Pierre par l'édit de création des présidiaux en 1551 et installé en 1556, ainsi qu'il résulte des registres de l'état civil de cette ville.

TENTATIVES FAITES POUR CHANGER LE SIÉGE DU BAILLIAGE ROYAL. — COMPOSITION DE CE BAILLIAGE.

Vers la fin de la guerre de Cent-Ans, le bailliage fut transféré à Nevers. Le comte donna l'autorisation nécessaire à cet effet, le 10 janvier 1426 (4). Il y resta quelque temps après que Jeanne d'Arc eut fait rentrer Saint-Pierre sous

(1) Secousse, *Ordonnances des rois de France*, t. III, p. 327.
(2) De Lespinasse, *Cartulaire de La Charité*, p. 303.
(3) Félix Aubert, *Le Parlement de Paris*, t. II, p. 58.
(4) Marolles, *Titres de Nevers*, col. 88.

l'obéissance du roi de France, puisqu'il y tenait encore ses séances en 1430 (1).

Après cette guerre de Cent-Ans, les officiers du bailliage semblent avoir eu beaucoup de peine à retourner à Saint-Pierre. En effet, d'après l'abbé de Marolles, Jean Salva, lieutenant-général, se fit autoriser par le comte de Nevers, le 17 mars 1479, à exercer juridiction en la ville de Nevers et y tenir siége (2). Un arrêt du 3 février 1502 condamna le procureur général « à résider audit lieu de Saint-Pierre et non plus à Nevers, où il demeure ordinairement (3) ». Un autre arrêt du 6 mai 1559 ordonna à Pierre Favardin, lieutenant criminel, d'exercer la justice (4) à Saint-Pierre, non à Nevers (5). »

Diverses tentatives furent faites alors pour obtenir le changement du siége. En 1586 et en 1617, les membres du bailliage essayèrent de se fixer à La Charité-sur-Loire. En 1650, les habitants de cette dernière ville, par une délibération du 7 août, s'obligèrent à verser une somme de 6,000 livres pour les frais que devait occasionner le transfert dans leurs murs ; des lettres-patentes du mois d'octobre autorisèrent la tenue des séances à La Charité ; mais, sur l'opposition formée par le duc, l'évêque et les habitants de Nevers, ainsi que par quelques autres villes du ressort, un arrêt du conseil du 24 novembre 1651 ordonna le retour à Saint-Pierre et fit défense aux officiers de renouveler une pareille démarche sous peine de 2,000 livres d'amende (6). D'après Bernot de Charant, ils offrirent vainement au prieur de La Charité une somme de 30,000 livres pour avoir son appui en 1664.

(1) Parmentier, *Archives de Nevers*, t. II, p. 311.
(2) Marolles, col. 89.
(3) *Idem*, col. 43.
(4) *Idem*, col. 91.
(5) *Idem*, col. 91-539-540.
(6) Bernot de Charant, *Histoire du prieuré de La Charité*, p. 95, 96, 97. — Registre des délibérations des échevins de La Charité.

En 1696, les membres du bailliage de Saint-Pierre tentèrent de venir à Nevers et surent même mettre le duc dans leurs intérêts ; mais l'opposition du bailliage ducal de cette ville les fit encore échouer dans l'exécution de leur projet (1).

C'est ainsi que le bailliage royal et le présidial de Saint-Pierre-le-Moûtier restèrent dans cette ville jusqu'en 1789 ; mais jusqu'à cette date presque tous les magistrats de Saint-Pierre passaient en fait, à Nevers, la plus grande partie de l'année.

Les prévôts du roi et du prieur exercèrent d'abord leurs fonctions en commun et percevaient par moitié les droits de justice, ainsi qu'il résulte de plusieurs passages des *Olim* et particulièrement d'une sentence de 1267, portant que, quoiqu'il eût interdit les duels, saint Louis percevait la moitié des droits sur les duels ordonnés judiciairement à Saint-Pierre, et que les gens du roi protégeaient le prieur lorsqu'il les présidaient. « Depuis, dit Guy-Coquille (2), le roi et le prieur firent partage : la ville et les faubourgs demeurèrent au roi, les villages de la prévôté au prieur, retenu au prieur le droit de justice en l'enclos de son prieuré et d'exercer le cas de haute justice ès prochains lieux de la porte de son prieuré. Et encore, de présent, les amendes ordinaires de la prévôté de Saint-Pierre-le-Moustier se partissent entre le roi et le prieur. »

Se maintint jusqu'à la Révolution le petit bailliage du prieuré, composé d'un bailli, un procureur fiscal, un greffier et un huissier.

Les mêmes officiers exerçaient leurs fonctions en même temps au bailliage et au présidial. L'*Almanach de la ville de Saint-Pierre-le-Moûtier* pour l'année 1771 énumère soixante-trois charges dont devait se composer ce bailliage, savoir : deux présidents, un lieutenant-général, un lieutenant

(1) De Saintemarie, *Mémoires sur Nevers*, pages 47, 48, 49.
(2) *Œuvres*, édition de 1703, t. II, p. 129.

criminel, un lieutenant particulier, un assesseur, un chevalier
d'honneur, quinze conseillers, deux conseillers d'honneur,
un conseiller-clerc, un procureur du roi, deux avocats du
roi, un substitut, vingt procureurs, dix notaires, deux
huissiers audienciers, un commissaire aux saisies réelles et
un receveur aux consignations. Mais jamais toutes ces
charges ne furent pourvues de titulaires en même temps ; il
y avait toujours un nombre assez considérable de vacances.
Comme, pour que les jugements présidiaux fussent valables,
il fallait que ces jugements fussent rendus par sept membres,
on était presque toujours obligé d'appeler des avocats à
siéger, le nombre des conseillers présents étant rarement
suffisant.

Le commissaire aux saisies réelles et le receveur aux
consignations habitaient non pas Saint-Pierre, mais Nevers.
Plusieurs chanoines du chapitre de Saint-Cyr de Nevers
furent pourvus de l'office de conseiller-clerc et continuèrent
à avoir leur résidence à Nevers.

Il y avait, en outre, au bailliage un conseiller-né : le
prieur des Bénédictins de la ville de Saint-Pierre, successeur
du seigneur ecclésiastique, qui avait associé le roi à sa
justice. Par lettres-patentes en forme d'édit du mois de
mars 1632, le roi Louis XIII avait créé et établi dom
François Rapine, prieur de Saint-Pierre, et ses successeurs
audit prieuré « premiers conseillers au bailliage et siége
présidial dudit lieu de Saint-Pierre-le-Moustier, pour avoir
rang, séance et main droite immédiatement après celui qui
présidera et voix délibérative tant en audience que chambre
du conseil, avec attribution des mêmes honneurs, autorités,
prérogatives, prééminences, franchises, libertés et immunités
dont jouissent les autres conseillers audit siége, fors les gages
et autres émoluments qui leur sont attribués. » Toutes ces
prérogatives furent confirmées par lettres-patentes du 11 août
1659.

## RESSORT DU BAILLIAGE ROYAL DU NIVERNAIS ET SIÉGE PRÉSIDIAL DE SAINT-PIERRE-LE-MOUTIER.

Telle est l'histoire succincte du bailliage royal et siége présidial de Saint-Pierre.

Nous allons essayer de déterminer les limites du ressort de cette juridiction tant comme bailliage que comme présidial. Ainsi qu'on peut s'en convaincre par l'examen des justices relevant de Saint-Pierre que nous énumérons plus loin, il entrait, *pour ainsi dire*, dans le duché ou, pour employer une expression peut-être plus exacte, il comprenait éparses sur le territoire de la province certaines justices que nous énumérerons.

Pour expliquer ce qui nous semble aujourd'hui si bizarre, cette complication dans l'organisation judiciaire du pays, rappelons, d'une façon générale, l'histoire de l'ancienne organisation judiciaire en France.

Dans l'origine, les justices seigneuriales eurent une position souveraine : elles descendirent peu à peu de cette position souveraine jusqu'au degré le moins élevé de l'échelle judiciaire. Cette décadence fut l'œuvre des rois. Elle se produisit d'abord au moyen du recours au roi, suzerain de tous les grands barons de son royaume, puis successivement par l'établissement des prévôtés et des bailliages royaux, par la création des cas royaux, enfin par l'établissement des présidiaux.

La création *des cas royaux*, par opposition à ceux qui étaient réservés aux seigneurs, et qui prirent le nom *de cas seigneuriaux*, fut un admirable instrument entre les mains du roi pour étendre son pouvoir de souverain juge.

On peut se rendre compte de cet envahissement par la définition que donna des cas royaux Louis X dans la réponse qu'il fit aux barons de Champagne qui le priaient de les préciser : « C'est à savoir que la royale Majesté est étendue ès cas qui, de droit ou ancienne coutume, peuvent

et doivent appartenir à souverain prince et à nul autre. »
A l'aide d'une semblable définition, les cas royaux pouvaient
embrasser la juridiction tout entière.

L'établissement des présidiaux acheva l'organisation de la
justice royale ; on sait que les sentences des prévôts, comme
celles des baillis ou des sénéchaux, n'étaient jamais rendues
qu'en premier ressort, c'est-à-dire à charge d'appel ; de là
une multitude de recours qui venaient surcharger les parlements, cours souveraines. Henri II en 1551 créa, pour
obvier à cet inconvénient, des tribunaux intermédiaires dits
présidiaux, destinés à juger sans appel les recours élevés
devant lui contre les sentences rendues par les prévôts et les
baillis dans les affaires dont l'intérêt ne dépassait pas une
certaine somme.

C'est ainsi que le bailliage de Saint-Pierre devint en
même temps siége présidial.

Mais cet accroissement de pouvoir ne devait pas assurer
au siége de Saint-Pierre la prépondérance judiciaire qu'on
pourrait imaginer. A côté de lui, en effet, jusqu'en 1789,
s'était conservée intacte une institution alors unique en
France : le duché-pairie de Nivernais, avec grand bailliage
ducal à Nevers, étendant sa juridiction sur la plupart des
petites justices de la province, et en conflit perpétuel de
compétence avec le bailliage de Saint-Pierre.

La persistance de ce pouvoir ducal, contre lequel s'élevaient
les juristes désireux de ne plus voir ainsi limité dans le
Nivernais le pouvoir royal, fut telle que lors de la convocation des Etats-Généraux, la province du Nivernais fut
divisée en deux corps, convoqués l'un par le roi, l'autre par
le duc de Nevers. « Cas bizarre, qui donna lieu à une polémique violente de la part des gens du roi de Saint-Pierre. »
(Voir le travail de M. Labot sur la convocation des électeurs
aux Etats-Généraux en 1789 et le pamphlet intitulé *Patatras*,
de Guyot Sainte-Hélène.)

Ainsi, jusqu'en 1789, le duc était, par son bailliage à

Nevers, dans une situation analogue au roi par son bailliage à Saint-Pierre, sauf en ce qui concerne les cas royaux.

Les sentences rendues par les juges des justices relevant du duché et les sentences des juges des châtellenies étaient définitivement soumises par appel au bailliage ducal de Nevers, de même que les sentences des juges des justices dans la mouvance du roi étaient soumises par appel au bailliage royal de Saint-Pierre, sauf recours au Parlement, suivant les cas fixés par l'édit des présidiaux.

Pour savoir devant quel bailliage devaient ainsi être portées les affaires intéressant les justiciables du Nivernais, il ne peut donc être question de délimitations géographiques proprement dites, mais de reconnaître simplement de qui relève, du roi ou du duc, de Nevers ou de Saint-Pierre, telle justice, basse, moyenne ou haute.

Remarquons qu'un côté piquant du conflit qui, lors des élections de 1789, tourna au profit du duc, est celui-ci : alors que tout avait abouti en France à la suppression des derniers vestiges des institutions féodales, le pouvoir royal de Saint-Pierre avait perdu sans cesse de son prestige.

Dans toutes occasions le duc avait gain de cause auprès du roi et de ses conseils, et l'on peut dire que les empiètements étaient plutôt de son fait. Il en était ainsi partout.

Assuré depuis longtemps de son droit incontestable de souveraineté, maître de l'administration générale par le fonctionnement de l'administration royale dans les généralités subdivisées en élections, le roi n'avait plus le même intérêt qu'autrefois à étendre *son domaine royal*; aussi, en 1789, constate-t-on que ce domaine formait à peine le sixième du royaume ; sur les cinq autres sixièmes le roi n'avait ni droit de propriété, ni seigneurie.

Dans le procès-verbal de la généralité de Moulins qui vient d'être publié, dressé en 1686 par l'intendant, celui-ci déclare, en ce qui concerne Saint-Pierre, que ce domaine est absolument négligeable. Cependant, les employés *du contrôle* firent au point de vue fiscal, au milieu du dix-huitième siècle, des efforts considérables pour rattacher au domaine royal tous les fiefs qui lui avaient échappé par la négligence de ses agents ou par l'âpreté de ceux du duc.

On a attribué à Saint-Pierre un ressort primitif s'étendant sur l'Auvergne, le Berry, le Bourbonnais et le Nivernais. Dans des termes aussi généraux, cette étendue de juridiction est évidemment très-exagérée.

Certains actes constatent que la juridiction de Saint-Pierre s'est étendue sur Clermont, Issoire, Brioude....., mais cette situation a duré peu de temps. Très-vite ces villes sont rentrées sous la juridiction du bailliage royal d'Auvergne, fondé d'ailleurs avant celui de Saint-Pierre. Le bailliage de Bourges fut rétabli peu de temps après la nouvelle réunion du Berry à la couronne, à la mort du duc Jean. Saint-Pierre ne conserva dans son ressort que quelques enclaves de ces provinces et les privilégiés exemptés des juridictions ordinaires de ces contrées.

Le pays de Combrailles en dépendait en 1514, ainsi que le reconnurent ses représentants lors de la rédaction de la coutume; il en fut détaché depuis. La justice du prieuré de Saint-Étienne de Nevers fut rattachée au bailliage ducal lors de l'acquisition qu'en fit le duc en 1585.

Dès-lors, le ressort de Saint-Pierre comprit tout le Nivernais, sauf le Donziais, pour les cas royaux; et en ce qui concerne la compétence ordinaire dans le Nivernais, la prévôté de Saint-Pierre, le Morvand, c'est-à-dire les justices de Château-Chinon, Lormes, Ouroux, Brassy et Liernais, le bailliage de La Charité-sur-Loire, la justice de Pouilly-sur-Loire, celle de l'évêché de Nevers et quelques petites justices considérées comme de franc-alleu et par conséquent indépendantes du bailliage ducal de Nevers, juridiction ordinaire de la province; dans le Bourbonnais, la châtellenie de Riousse, près Saint-Pierre, et la prévôté royale de Sancoins s'étendant sur Giverdon et Valigny-le-Monial, et dans le Berry, les justices de Léré et de Sainte-Montaine.

En dehors de la prévôté de Sancoins et des justices du Morvand, presque toutes ces justices étaient ecclésiastiques et peu considérables. En 1789, on évaluait à 40,000 au plus le nombre des habitants de tout le ressort. (Labot.)

Henri II, dans son édit de création de 1551, déclare qu'au présidial de Saint-Pierre « ressortiront le siége du bailliage dudit Saint-Pierre-le-Moûtier, y compris Donziais, Sancoins, Cusset et le bourg Saint-Etienne », c'est-à-dire tout le bailliage de Saint-Pierre et celui de Cusset. Quant au Donziais, il ne fut jamais rattaché en fait à Saint-Pierre. On sait à quelles longues difficultés donna lieu la justice de cette contrée, qui était revendiquée par le duc de Nevers et par les officiers du bailliage royal d'Auxerre; après un procès qui dura cent quatre-vingt-onze ans, en 1745, un arrêt décida que le Donziais était du ressort d'Auxerre.

Pour comprendre aujourd'hui, avec nos idées modernes, ce que pouvait être avant 1789 l'organisation de la justice, il faut avoir sans cesse à l'esprit:

Premièrement, que dans les derniers temps qui précédèrent la Révolution la propriété de la justice qu'avaient les seigneurs justiciers consistait en trois choses: 1° dans le droit qu'ils avaient de commettre et pourvoir des officiers pour l'exercice et l'administration de leur justice et en ce que les sentences s'expédiaient en leur nom ; 2° en ce qu'ils jouissaient de tous les droits honorifiques dépendant de leurs seigneuries; 3° en ce qu'ils profitaient de tous les émoluments procédant de leur justice: amendes, confiscations, déshérences, biens vacants, revenus des greffes, corvées, etc.;

Secondement, que la juridiction, le ressort de cette juridiction et le fief n'avaient rien de commun ; la juridiction et le ressort pouvant être à l'un et le fief à l'autre; les droits des seigneurs de fiefs et ceux des seigneurs justiciers sont différents : les droits des premiers consistent dans des pres-

tations de foi et hommage, si ce sont fiefs dominants, et dans
des redevances de cens et autres profits ; ceux des seigneurs
justiciers consistent dans le pouvoir de créer des officiers
pour exercer leur justice et dans la jouissance de droits
honorifiques et de profits procédant de la justice.

Il faut aussi ne pas perdre de vue que *le ressort* des
vieilles juridictions n'était pas fixé comme le ressort des tribunaux modernes. Aujourd'hui, les limites administratives
des cantons, des arrondissements et des départements servent
à fixer les limites des juridictions.

Autrefois, rien de semblable; comme on le verra par l'énumération des justices relevant de Saint-Pierre.

Une carte complète du territoire où s'exerçaient, d'une
part, la justice du bailliage royal et du présidial de Saint-
Pierre, d'autre part, la justice du bailliage ducal de Nevers,
sans qu'on ait à se préoccuper du diocèse ni des circonscriptions militaires ou fiscales, devrait comprendre :

1º La province du Nivernais avec ses paroisses, comprenant l'élection de Nevers, à laquelle avaient été réunis
Sermoise-Bourbonnais, Imphy-Bourbonnais, etc. ; — la petite
élection de Château-Chinon ; ces deux circonscriptions taillées
entièrement dans la province et faisant partie de la généralité
de Moulins ; — le territoire de La Charité-sur-Loire, formant l'élection de La Charité, et appartenant en dernier lieu
à la généralité de Bourges ; — le territoire de Cosne compris
dans l'élection de Gien, et appartenant à la généralité d'Orléans ; — le territoire de l'élection de Clamecy, appartenant
à cette dernière généralité ; — le territoire du Nivernais
compris dans l'élection de Vézelay, généralité de Paris ;

2º Le duché-pairie avec ses châtellenies ;

3º Le ressort de Saint-Pierre pour les cas royaux ;

4º Dans une complication de signes indicatifs des bailliages et des justices, d'une part, les bailliages et justices
relevant du roi, soit comme juge d'appel, soit comme seigneur immédiat, d'autre part, celles relevant du duché ;

5º Enfin, les justices éparses relevant soit de Saint-Pierre, soit de Nevers, dans les provinces voisines ; puis les justices établies en Nivernais, mais relevant de bailliages étrangers.

Donnons comme exemple de cette catégorie de justices :

Sermoise, confisqué sur le duc de Bourbon, Imphy en partie, Lucenay-les-Aix en partie, Langeron, qui restèrent *Bourbonnais* et pour leurs justices relevaient de la justice royale du Bourbonnais ; par contre, Léré, qui avait appartenu au prieuré de Saint-Martin de Tours, Sainte-Montaine à celui de La Charité, furent attribués, pour la justice, à Saint-Pierre, parce qu'autrefois il n'y avait pas de bailliage royal à Bourges.

Pour les actes de l'état civil de la paroisse de Sainte-Montaine, le lieutenant de Saint-Pierre délégua jusqu'en 1789 le juge royal de Concressault pour donner les visas.

Les justices relevant du bailliage de Saint-Pierre sont connues, grâce aux assises de cette justice. Il résulte de leur examen que maintes localités jouissaient de différentes justices royales, ducales, particulières, ayant chacune leur propriétaire et leur ressort.

Pour donner une idée de cette complication, citons Nevers et les paroisses voisines comprises dans le ressort du bailliage ducal, sans châtellenie intermédiaire.

Nevers possédait : 1º comme justices royales :

*L'élection* . . . . . . . . . . . . ⎫ Les appels sont
*Le grenier à sel, la marque des* ⎬ portés à la cour
*fers.* . . . . . . . . . . . . . ⎭ des aides.

*Les eaux et forêts, la manufacture* ⎫ Les appels sont
*des draps,* à l'hôtel de ville . . . . . ⎬ portés au Parlement.

2° Comme justices ducales :

*Le bailliage-pairie*, qui devait à sa qualité de bailliage d'un duché-pairie de relever directement du Parlement, jugeant des appels des jugements rendus par les châtelains, sauf recours au Parlement, et jugeant immédiatement les affaires (à l'exception, bien entendu, de celles réservées, quelle que soit la localité, à la justice royale), c'est-à-dire les affaires des paroisses de Challuy, Coulanges, Saint-Eloy, Parigny-sur-Sardolles et Sardolles (1) . . . . . . . . . . . .

*La police* de ces paroisses . . . . .

*Les eaux et forêts* du duché . . . .

*La Chambre des comptes* pour certaines affaires concernant l'administration ducale . . . . . . . . . . . . .

> Les appels sont portés au Parlement.

3° Comme justices particulières :

*La justice de l'évêché*, comprenant les châtellenies de Parzy, les paroisses de Garchizy et d'Urzy. . . . . . . .

> Les causes sont appelées au bailliage de St-Pierre-le-Moûtier, sauf recours au Parlement, suivant le cas.

(1) Le comté de Château-Chinon avait aussi son bailliage, mais les appels étaient portés à Saint-Pierre.

La châtellenie de Parzy, s'étendant sur Dompierre-sur-Loire, Marseille, Saint-Germain-sur-l'Aubois et Varennes-les-Nevers ; celle d'Urzy sur Saint-Martin-d'Heuille.

*La justice du chapitre ou du cellier*, s'étendant sur Balleray, Challuy, Germigny, Parigny-les-Vaux, Satinges, Sauvigny-les-Chanoines . . . . . . .

*La justice du pourpris de Saint-Etienne*, s'étendant sur Bona, Bussy, Prye, Saint-Jean-de-Lichy, Saint-Péraville-aux-Amognes . . . . . .

*La justice du prieuré de Saint-Sauveur.*

*L'hôtel de ville.*

Les causes sont appelées au bailliage de S<sup>t</sup>-Pierre.

Nous ne parlons pas de l'*official*, ayant des attributions qui parfois confinaient aux questions civiles.

Un tableau semblable pourrait être dressé pour beaucoup de paroisses soumises à la juridiction royale et en même temps à la juridiction ducale pour parties distinctes.

Quant aux limites exactes du ressort de chaque justice seigneuriale, c'est un travail impossible à faire aujourd'hui : les limites en étaient fixées au moment de la confection des terriers et étaient sans cesse l'objet de contestations. Peu de procès-verbaux ont été conservés.

Voici la liste des paroisses formant le ressort de Saint-Pierre pour les cas royaux telle qu'elle a été dressée quelques années avant la Révolution ; nous avons respecté l'orthographe des noms :

A

Achun.
Aglant.
Aluy.

Amazy.
Ampury.
Anizy.
Anlezy.
Anthien.

Apremont.
Arbourses.
Argenvières.
Arleuf.
Armes.
Arzembouy.
Arthel.
Asnant.
Asnois.
Aubigny-le-Chétif.
Aunay.
Assard.
Authiou.
Avrée.
Avril-sur-Loire.
Azy-le-Vif.
Azy-aux-Amognes.

### B

Balleray.
Bazoches.
Bazolles.
Béard.
Baùlieu.
Baumont-sur-Sardolle.
Baumont-la-Ferrière.
Beffe.
Beuvron.
Biche.
Billy.
Blisme.
Bonnat.
Brassy.
Bresves.
Brinay et Poulligny.
Brinon-les-Allemants.

Bulsy.
Bussy-la-Pesle.
Bussy et Saint-Firmin.

### C

Cercy-la-Tour.
Cervon.
Chaleaux.
Chalmant.
Chaluy.
Chaluzy.
Champlin.
Champallement.
Chanvert.
Changy.
Champvoux.
Chantenay.
Château-Chinon, *ville.*
Charrin.
Chasnay.
Champlemy, *en partie.*
Châtillon et Frasnay.
Châtin.
Chaugnes.
Chaumart.
Chaumotte.
Chazeuil.
Chevannes-Gazeau.
Chevannes-sous-Montemaison
Chevenon.
Chevroches.
Chitry-la-Mine.
Chougny.
Cicogne.
Clamecy, *ville.*

Commagny.
Corbigny, *ville*.
Cossaye et Craux.
Cougny.
Coulanges-les-Nevers.
Cours-les-Barres.
Cours-sous-Magny.
Corancy.
Cressy.
Crux-la-Ville.
Crux-le-Châtel.
Cuffy.
Cuncy-les-Varzy.
Cuzy.
Chidde.

### D

Decise, *ville*.
Devay.
Dienne.
Dirol.
Domecy-sur-Chors.
Dommartin.
Dompierre-sur-Herry.
Dompierre-sur-Besvre.
Dompierre-sur-Nièvre.
Dorne.
Dornecy.
Druy.
D'un-les-Places.
D'un-sur-Grandrie.

### E

Epiry.

### F

Fléty.
Flez et Cusy-sur-Yonne.
Fleury-la-Tour.
Fontenay.
Fours et Maison-en-Longue-Salle.
Frasnay-le-Ravière.

### G

Ganna-sur-Loire.
Garchy.
Garchizy.
Gâcogne.
Germenay.
Germigny.
Giens-sur-Cure.
Gimouilles.
Giry.
Giverdy.
Giverdon.
Gouloux.
Guérigny.
Guippy.

### H

Héry.
Hiry.
Hubant.

### J

Jailly.
Jaugenay.
Jmphy.
Jzenay.

L

La Chapelaude.
Lasché.
La Chapelle-Hugon.
La Chapelle-Mont-Linard.
La Charité, *ville*.
Lhéré, *ville*.
Lorme, *ville*.
Luzy, *ville*.
La Collancelle.
La Marche.
Lamnat.
La Montagne.
Langy.
Langeron, *en partie*.
Lanty.
La Roche-Millay.
La Selle-sur-Nièvre.
Le Chautay.
Le Gravier.
La Guierche.
Le Veuillien.
Liarnois.
Lichy.
Ligny.
Limanton.
Limon.
Livry et Précy.
Lucenay-les-Aix.
Lurcy-le-Bourg.
Lurcy-sur-Abron.
Luthenay.
Lys.

M

Moulins-en-Gilbert, *ville*.
Magny.
Magny-en-Morvant.
Maison-Dieu.
Marigny-l'Eglise.
Marigny-sur-Yonne.
Mars-sur-Allier.
Marseilles-les-Aubigny.
Marzy.
Meaulais.
Meaux.
Meaulce.
Menetou-Rathel.
Metz-le-Comte.
Mhère.
Millay.
Mingot.
Monceaux-le-Comte.
Monceaux-aux-Amognes.
Mont-Sauche.
Mont-et-Marré.
Montambert.
Montapas.
Montarron.
Montenaison.
Montigny-sur-Cannes.
Montigny-en-Morvant.
Montigny-aux-Amognes.
Mont-Reuillon.
Moraches.
Mouron.
Moussy-Moulinot.
Murlin.
Munot.

## N

Nevers, *ville*.
Narcy.
Neuf-Fontaines et Mont-Sabot
Neuilly.
Neuville-les-Brinons.
Neuville-les-Decise.
Neuvy-le-Barrois.
Nolay-les-Prémery.
Nannay.
Nuars.

## O

Onlay.
Ouaigne.
Ougny.
Oulon.
Ourouër.
Ouroux.

## P

Prémery, *ville*.
Pouilly-sur-Loire, *ville*.
Parigny-les-Veaux.
Parigny-sur-Sardolle.
Patinges.
Pazy.
Pierre-Pertuys.
Planchez et Fretoy.
Poil.
Poizeux.
Pont-Saint-Didier.
Pougues.
Pouques-en-Morvand.
Poussignol.
Préporché.
Pire-sur-Lixeure.

## R

Raveau.
Rigny.
Rémilly.
Reugny.
Ruages.
Rouy.
Ris.

## S

Saint-André.
Saint-Aubain et Franay.
Saint-Benin-des-Bois.
Saint-Benin-des-Champs.
Saint-Bonnot-des-Forges.
Saint-Brisson.
Sancoins, *ville*.
Saint-Pierre-le-Moûtier, *ville*.
Saint-Saulge, *ville*.
Saint-Cy-Fretrève.
Saint-Eloy.
Saint-Franchy.
Saint-Germain-des-Bois.
Saint-Germain-sur-l'Aubois.
Saint-Germain-en-Viry.
Saint-Gratien et Coulonge.
Saint-Hilaire et Fontaine.
Saint-Hilaire-en-Morvand.
Saint-Jean-Goulx.
Saint-Jean-aux-Amognes.
Saint-Léger-des-Vignes.
Saint-Léger-le-Petit.
Saint-Léger-de-Fougeret.

Saint-Loup et Chassenat.
Saint-Martin et Sainte-Marie-
de-la-Flageolle.
Saint-Martin-de-la-Mer.
Saint-Martin-d'Heuille.
Saint-Martin-Dupuis.
Saint-Maurice-les-Saint-Saulge
Sainte-Montenne.
Saint-Ouin.
Saint-Parise-en-Viry.
Saint-Parise-le-Châtel.
Saint-Péreuse.
Saint-Quaise.
Saint-Honoré.
Saint-Lazare (de Nevers, hors
murs).
Saint-Révérien.
Saint-Seine.
Saint-Sulpice-le-Châtel.
Saisy.
Sanisy.
Sardy
Sardolles.
Satinges.
Savigny-Poil-Fol.
Savigny-sur-Cannes.
Sauvigny-les-Chanoines.
Saxy-Bourdon.
Semelay.
Sermages.
Sermoise.
Sougy.
Sichamp.
Soulangy et Sizelay.
Surgy.
Surry.

## T

Tannay.
Tamnay et Abon.
Ternant.
Tazilly.
Thianges.
Taix.
Teintury.
Toury-en-Séjour.
Toury-sur-Abron.
Tresnay.
Trois-Vêvres.
Treigny.
Teigny et Vignoles.
Tronsanges.

## V

Valligny-le-Monial.
Varennes-les-Nevers.
Varennes-les-Narcy.
Vauclaix.
Vandenesse.
Verneuil.
Vignol.
Villapourçon.
Ville-les-Anlezy.
Viel-Manay.
Villiers et Cuncy.
Vrzy.
Vuée.
Vxeloup.

On remarquera que beaucoup de justices relevant de Saint-Pierre étaient d'origine ecclésiastique.

C'est à ce titre qu'un certain nombre de justices appartenant à des possesseurs de fiefs relevaient de Saint-Pierre. Dans les actes de ventes qui eurent lieu en 1563 et 1564, on spécifia avec soin que la mouvance appartiendrait à la Tour quarrée de Saint-Pierre (1).

Nous indiquons les aliénations de justices ecclésiastiques qui eurent ainsi lieu en 1563 et 1564 dans le tableau général que nous dressons plus loin des justices relevant de Saint-Pierre.

D'autres justices étaient attachées à des francs-alleux.

L'*alleu* ne relevait d'aucun seigneur. Nul n'avait sur l'alleu de domaine éminent, de directe seigneuriale ; nul n'avait le droit d'exiger de l'alleutier la foi et l'hommage des services nobles ou les profits de quint, de relief ; nul ne pouvait traiter l'alleu comme une censive et en exiger le cens, les corvées ou autres services non nobles, ni lods ni ventes ; mais le franc-alleu n'exemptait pas des droits de souveraineté ; libre comme propriété, il dépendait ou d'un seigneur justicier ou du roi pour la justice. Les droits de justice sont ici disjoints des droits de fief, suivant cette règle que « fief et justice n'ont rien de commun ensemble ». Assimilé aux fiefs au point de vue actif, ayant dans leur mouvance des fiefs, des censives, formant une seigneurie parfaite, féodale et justicière, et attirant à lui la justice,

(1) Denisart, au mot « Biens d'Eglise », donne les causes pour lesquelles les biens d'Eglise pouvaient être aliénés : dettes, devoirs de justice auxquels il faut satisfaire, besoins pressants des pauvres, avantage que l'Eglise peut retirer par l'échange d'un fonds, le profit qui peut revenir d'un bail emphytéotique, le manque d'utilité d'un fonds, le bien public. Notre étude présente un cas d'échange consenti au duc par le prieur de Saint-Etienne de Nevers ; mais les aliénations les plus nombreuses sont celles qui, par mesure d'un caractère général, eurent lieu en Nivernais, sous Charles IX, pour permettre à ce roi de faire face aux sommes considérables qu'il devait aux gendarmes, aux reîtres, aux soldats allemands, aux soldats italiens qu'il entretenait.

l'alleu noble relevait toujours en principe du roi pour la justice. Toute justice seigneuriale n'était, en effet, qu'une justice concédée par le roi, de qui émane toute justice (1).

Nous avons copié en la rectifiant, à cause de certaines erreurs manifestes, la liste fournie par le procès-verbal des assises que nous avons cru le plus complet, celui du 8 juin

(1) « Le comté de Nivernais était allodial avant 1184, si l'on en croit M. Brussel, qui dit que c'est Pierre de Courtenay qui en a le premier fait hommage au roi. Il est devenu fief apparemment pour une raison à peu près semblable. Les propriétaires des grands territoires, qui les possédaient en franc-alleu, ont fait de gré ou de force, vis-à-vis des comtes de Nevers, ce que ceux-ci avaient fait à l'égard du souverain. Moyennant deniers comptans, rentes, concessions ou accroissements, leurs seigneuries, auparavant en franc-alleu, sont devenues fiefs du duché, avec tous les hommes et les droits en dépendant. La preuve s'en trouve dans l'article 20 des statuts donnés en 1405 à la chambre des comptes de Nevers, où il est dit que ceux qui se tiennent être des francs-alleux sont visités et qu'on les exhorte à se mettre en la foi.

» Les fiefs remontent, il est vrai, par degrés jusqu'au souverain, mais les francs-alleux y remontent aussi et même *omissis mediis*, car la couronne est le seul véritable franc-alleu et quand nous parlons d'allodialité, ce n'est qu'entre nous autres sujets, dont tous les droits vont par différentes routes se réunir, se perdre et renaître dans la main du roi comme dans leur source et leur centre.

» La tenue la plus noble, celle qui a en elle-même la source de la noblesse, qui ne l'emprunte d'aucune autre et de qui les autres tirent la leur est donc encore le franc-alleu ; aussi dans l'article 11 du chapitre 37 de la Coutume, le franc-alleu est-il estimé un dixième plus que le fief. En quoi l'on voit l'erreur de ceux qui croient trouver dans la féodalité la noblesse par excellence..... »

Ces lignes sont extraites du « Mémoire signifié pour Antoine Perrier, marchand de bois pour la provision de Paris, et Nicole Guenot, son épouse, demeurant à Corbigny, contre Anne Paichereau, veuve et commune de Guillaume Guillemain, notaire et procureur fiscal de l'abbaye de Corbigny, et Germain Guillemain de Talon, son fils, avocat en Parlement, — par Parmentier, avocat. » Conservé à la bibliothèque de Nevers.

Cette plaidoirie, qui contient un traité remarquable du franc-alleu, méritait d'être rapportée ici, puisque notre étude a pour objet la souveraineté du roi en matière de justice.

1774. Les observations dont nous faisons suivre chaque nom peuvent servir à déterminer la situation quelquefois douteuse des justices, leur caractère et leur origine.

Nous n'affirmons pas qu'au moment précis des assises, où ont été appelés à Saint-Pierre les baillis et juges de toutes ces justices seigneuriales, les *seigneurs* aient été exactement ceux indiqués; on comprendra que les mutations de propriétés ne pouvaient être faites aussi facilement qu'aujourd'hui. Voici la liste en question :

*Baronnie d'Allarde*, *près de Giverdon*, ayant pour seigneur Charles Leroy. Dans l'état des fiefs relevant de Saint-Pierre, Allarde est dit être arrière-fief du Chautay. Lors d'une saisie féodale faite le 21 avril 1687, le défendeur soutenait que son fief relevait de Sainte-Croix d'Orléans.

*Ampury*, ayant pour seigneur François-Louis-Antoine de Bourbon, comte de Busset.

*Argoulais*, *près Monsauge*, ayant pour seigneur Louise-Charlotte de Foudras, comtesse de Choiseul; relève de Château-Chinon, suivant acte de foi et hommage du 1er janvier 1625.

*Aubigny-sur-Loire*, ayant pour seigneur l'évêque de Nevers.

Cette justice avait figuré parmi les biens ecclésiastiques aliénés en 1563. L'état de ces biens porte: « La justice haute, moyenne et basse d'Aubigny-sur-Loire, consistant en bailliage et prévôté, laquelle s'étend audit bourg d'Aubigny, Marseille-les-Aubigny, Saint-Germain-sur-l'Aubois, avec la motte et maison seigneuriale d'Aubigny et les cens, rentes et bourdelages et droit de port d'eau, le tout dépendant de l'évêché de Nevers, ont été acquis par messire François de Bonnard, chevalier, seigneur dudit lieu, moyennant la somme de 3,960 livres, par décret du 22 septembre 1563. »

Au dix-huitième siècle, l'évêque de Nevers était propriétaire de la justice et du port d'Aubigny; les religieux de Saint-Sulpice de Bourges, du château.

*Aubigny-le-Petit* (ou le Chetif), en ce qui est du ressort de Saint-Pierre, ayant pour seigneur M. de Molnoury. La terre et justice d'Aubigny-le-Chétif et dixmes relevait du marquisat de Thianges, suivant dénombrement reçu Gentil, notaire à Nevers, du 23 janvier 1744.

*Abon.* — Prieuré-cure de l'ordre de Saint-Benoît, ayant pour seigneur le prieur d'Abon.

*Avrée.* — (La terre d'Avrée relève de Savigny-Poil-Fol.) La haute justice du prieuré, appartenant à MM. de l'ordre de Cluny, fut réunie par l'abbé de Cluny à celle de Saint-André-les-Luzy.

*Arleuf*, faisant partie du marquisat de la Tournelle, lequel relève de Château-Chinon; le bailliage relève de Saint-Pierre.

*Arriault*, appartenant aux chanoines de Frasnay.

On voit dans un relevé de fiefs que Arriault appartenait à l'*Oratoire de Nevers*. Cette mention s'explique : l'évêque Vallot ayant confié la direction du séminaire de Nevers aux prêtres de l'Oratoire, le 5 mars 1690, y avait attaché les revenus du doyenné de Frasnay. Mais l'acte opéré par l'évêque fut déclaré abusif par arrêt du grand conseil du 20 septembre 1745. (*Les Congrégations religieuses dans le diocèse de Nevers*, par Mᵍʳ Crosnier.)

*Avril-les-Loups*, paroisse d'Aubigny-le-Chétif, appartenant aux héritiers d'Eustache de Druy (de la Motte en Auxerrois). Foi et hommage du 1ᵉʳ juillet 1726. Foi et hommage du 22 août 1774. Dénombrement reçu par Bellet, notaire à Cercy-la-Tour, le 25 avril 1776.

*Azy-les-Vignes*, fief, justice et château d'Azy-les-Vignes. Relève de la terre du Chanay. Hommage du 18 juin 1732 et dénombrement du 9 septembre 1748. Aliénation du prieuré d'Aubigny du 30 avril 1758 (1).

---

(1) *Asnan*, compris dans le relevé des fiefs relevant du roi à cause de la tour quarrée de Saint-Pierre, ne figure cependant pas ici.

*Barnot* (Barnault-Bourbonnais), ayant pour seigneur le baron d'Aizy.

*Bazoches, Domecy-sur-Chors et Neuffontaines, y réunis par lettres-patentes de juillet 1765.*

Il s'agit ici de Domecy-sur-Cure, moitié Bourgogne, moitié Bourbonnais. L'abbé de Cure avait le patronage des cures de Bazoches, Neuffontaines, etc., et toute justice sur la paroisse de Domecy-sur-Cure et *dépendances.*

A l'époque dont nous nous occupons Sarazin, avocat à Paris, à cause de sa femme, possédait cette justice, qui avait appartenu auparavant à Alixand fils.

La justice de Domecy est ainsi désignée dans l'état des biens ecclésiastiques aliénés en 1563 : « La justice haute, moyenne et basse étant en l'éclos du village de Domecy, à l'abbé de Curs, commençant du grand chemin par le bout de dessus le chemin de la Barre, acquis par Jean de Loron, écuyer, seigneur de Dommecy et Limanton, avec plusieurs cens, rentes et beurdelages, moyennant la somme de 403 l. 13 par décret du 15 septembre 1563. »

*Biches,* pour ce qui dépend des Bénédictins de La Charité, ayant pour seigneur le chambrier des Bénédictins de Notre-Dame de La Charité. Foi et hommage du 16 juillet 1728.

*Bouy,* ayant pour seigneur Benoist Moreau – Desmarets (Bouhy, paroisse de Saint-Ouen). Anciens seigneurs, de Roffignac et Gascoing.

*Brinay,* ayant pour seigneur Jean-François de Bréchard. Terre, justice, seigneurie et château de Brinay. Foi et hommage au comté de Château-Chinon du 18 juillet 1676, reçu par Goussot, greffier à Château-Chinon.

*Buy et Verrière,* paroisse de Saint-Babile-les-Saint-Pierre, justice, terrier et dixme appartenant à Jacques-Henri Viau de Baudreuille, lieutenant-général au bailliage de Saint-Pierre. Acquisition par ce dernier, à titre de bail emphytéotique, des damés religieuses de l'abbaye royale de Notre-Dame de Nevers, par acte reçu Batailler, notaire à Nevers, le 19 janvier 1746, pour 200 livres. Insinué à

Saint-Pierre le 13 avril 1746. Franc-alleu du roi. Hommage en 1557 et le 18 juin 1600. Relève de la tour quarrée pour la justice seulement.

*Beunas*, paroisse de Maux. Beunas et Abon appartenaient aux prieur et religieux de Saint-Martin d'Autun.

*Beaumont*, près de Saint-Pierre-le-Moûtier, ayant pour seigneur Edme Girard de Busson, receveur des bois du duché de Valois; son fils, Girard de Montifault, en était propriétaire en 1789. Relève de la tour quarrée de Saint-Pierre, suivant l'acte de vente du 29 décembre 1442 et l'acte de foi et hommage du 11 septembre 1722.

*Bussy*, paroisse de Poussignol. Seigneur Pitoys de Quincize. Relève de Château-Chinon, suivant l'acte de foi et hommage du 25 novembre 1621 et les actes de foi et hommage et dénombrement au comté de Château-Chinon des 22 septembre 1724, 22 décembre 1725 et 11 juillet 1736.

*Belins (les)*, paroisse de Sardy. La terre, justice et seigneurie des Belins, dépendant de cette abbaye, fut acquise par Mathieu Balon, marchand à Corbigny, moyennant la somme de 300 livres, par décret du 16 novembre 1564. L'acte porte que la justice des Belins avec les redevances, en ce qui appartenait au doyen de Saint-Léonard, fut acquise par Mathieu Balon, moyennant la somme de 110 livres, par décret du 16 novembre 1564. Hommage au bureau des finances le 11 juillet 1686 par Guillaume Morin.

*Beurière, près de Saint-Martin-du-Puits*, ayant pour seigneur M. de Bourbon-Busset (1).

*Belleveau*, paroisse de Maux, appartenant aux Prémontrés de Belleveau. Relève du duché de Nevers.

*Bernay et Limenton* à la part de Biches. Seigneur, M. le baron d'Avigneau, tuteur des mineurs enfants du comte de

______

(1) Un registre de fiefs du Nivernais porte *Beurriée*, paroisse de *Saint-Martin-des-Lais*, sans autre indication. C'est évidemment de Beurière ou Beurriée, paroisse de Saint-Martin-des-Lais (Bourbonnais), qu'il s'agit.

Bar. Le terrier du pied de Biches avec justice aliénée du prieuré de Biches le 15 septembre 1563 relève du roi à cause de la tour quarrée de Saint-Pierre, suivant les foi et hommage des 10 décembre 1687 et 17 et 26 juillet 1726.

*Briou-de-Senet, près Sancerre*, ayant pour seigneur Perinet du Pezau, avant Colbert. Briou et Senais sont deux villages situés au pied de Sancerre.

*Besne*, paroisse de Sainte-Péreuse, fief, justice et château, ayant pour seigneur Jean - Charles de Megrigny, comte d'Aunay. Relève du duché de Nevers, suivant le dénombrement du 16 août 1697 reçu Guillier, notaire, et dénombrement reçu Debusac, notaire à Aunay, le 26 décembre 1737.

*Biches*, ayant pour seigneur Louis Jourdain, commandeur de la commanderie de Biches. La commanderie de Biches relève de la tour quarrée et boulevard de Saint-Pierre-le-Moûtier, suivant déclaration faite au bureau des finances le 16 juillet 1728 (1).

*Cluzord-en-Bourbonnais* (paroisse de Saint-Menoux), ayant pour seigneur Claude - Parfait Amyot. Cette terre avait appartenu à Marie-Françoise Feydeau, veuve du sieur Lemaître, sieur de Clusor, qui a paru à la convocation du ban de 1507. Acte de foi et hommage du 29 novembre 1678. Aveu du 27 janvier 1680 par la dame Feydeau. Figure comme relevant de Saint-Pierre dans le ban de 1507 et dans le procès-verbal du 24 février 1685.

*Coullon et Chantreau.* — La terre, justice, seigneurie et château de Coullon, à Gédéon Mazillier de Rivière, relève de la terre de Lormes, suivant foi et hommage du 3 octobre 1617.

Le fief de Chantereau, paroisse de La Collancelle, aliénation du prieuré de Saint-Révérien, relève de la tour quarrée de

(1) Busseau, paroisse de Mousseau, relève du roi à cause de la tour quarrée de Saint-Pierre. Foy et hommage au roi du 2 août 1687 par Henry d'Armes.

Saint-Pierre, suivant dénombrement du 5 octobre 1675 au bailliage de Saint-Pierre, appartenant à Gédéon Mazillier, Jeanne Mazillier, épouse de Paul Etignard, bailli de Château-Chinon, etc. Mazillier père, juge de Lormes, avait acquis de M. de Blosset en 1682. Foi et hommage par de Blosset le 5 octobre 1675.

*Chevannes-sous-Montenoison*, ayant pour seigneur Laurent de Chéry, prieur de Saint-Révérien.

*Chevannes-les-Crots*. — Les seigneuries et justices de Chevannes-les-Crots et les Chaises. Les Chaises relèvent de la tour quarrée de Saint-Pierre, suivant les hommages des 18 septembre et 23 décembre 1676, 10 mai 1728 et 4 février 1729 au bureau des finances. Chevannes-les-Crots a fait foi et hommage et dénombrement à l'abbaye de Bellevaux les 11 et 15 décembre 1732 devant Decray, notaire à Decize. De précédents hommages avaient été faits. 10 novembre 1386 et 29 juillet 1596. Dans l'acte de vente du 2 juillet 1748, reçu par Boury et Gentil, notaires à Nevers, et consentie par André Micault de Saint-Léger, avocat, seigneur de Diennes en partie à Pierre de Frasnay, trésorier de France à Moulins, ces deux terres sont transmises *sous la charge du fief au roi*, à cause de sa tour quarrée et boulevard de Saint-Pierre (1).

*Chevigny, près de Nevers*. — Paroisse de Sermoise. Justice haute, moyenne et basse de Chevigny, concédée par le chapitre de Nevers moyennant 15 fr. de rente noble à la charge de porter la rente en fief du chapitre. Acte Boury, notaire à Nevers. 4 mai 1748. Seigneur Pierre-Jacques Girard, de Vannes.

(1) Ne figure pas parmi les juges appelés le juge de Chevannes-sous-Montaron. On lit dans un état général des fiefs : « La terre, justice et seigneurie de Chevannes. M. le marquis de Poyanne, seigneur. Relève de la tour quarrée de Saint-Pierre. Aliénation du prieuré de Saint-Révérien du 12 août 1563. Le prieuré de Chevannes est membre de celui de Saint-Révérien, relevant de la tour quarrée et boulevard de Saint-Pierre (8 août 1728). »

*Chezelle*, *près de Dompierre-sur-Bèbre*, ayant pour seigneur Charles-Jean-Baptiste Desgalets, président au Parlement.

*Chiddes*. — Haute justice ayant pour seigneur Jacques-Louis de Mun de La Ferté. Hommage du 21 juillet 1687 au bureau des finances et déclaration à ce bureau du 12 avril 1690. Autre déclaration du 25 novembre 1743.

*Champrobert*. — Haute, moyenne et basse justice, ayant pour seigneur Robert Bruneau, baron de Vitry. Saisie féodale du 20 septembre 1703, sur laquelle le seigneur a présenté sa requête et exposé qu'il se soumet à rendre hommage au roi seulement pour la haute justice de Champrobert, la moyenne et basse relevant de Larochemillay. Actes d'hommages des 19 avril 1771 et 31 décembre 1776. Aveu affirmé devant Bonneau, notaire à Semelay, le 2 juillet 1779, reçu le 5 octobre suivant (1).

*Champcour*, *près Achun*, ayant pour seigneur François de Bréchard. Les fiefs et justice de Champcourt et Bussy, château, relèvent de Châtillon; suivant le dénombrement de cette terre du 14 avril 1735 (2).

*Champvoux et Souris*, *près de La Charité-sur-Loire*, appartenant aux Bénédictins de La Charité.

(1) Un autre Champrobert, paroisse de Sougy, ayant appartenu à Jean-Louis Pierre, seigneur de Champrobert, relevait aussi de Saint-Pierre. Saisie du fief de Champrobert à la part du roy. La saisie féodale eut lieu pour une rente de 8 livres, une geline et deux boisseaux d'avoine sur une maison et plusieurs pièces de terre à Sougy aliénées par le prieur de Saint-Pierre de Decize, le 12 avril 1563, au sieur Ouguet, à la charge de tenir les biens en fief du roi, lesquels biens sont unis à la terre de Champrobert, et ladite redevance a été achetée par les Minimes de Decize le 28 mars 1725.

(2) On ne voit pas figurer ici la justice du Coudray, paroisse d'Achun. Cependant le fief et château du Coudray de Megrigny relève de Saint-Pierre, suivant arrêt du Conseil d'État du roi du 10 janvier 1790, aux termes duquel arrêt les droits de gain du prix de vente de cette terre ont été adjugés au roi sur de Megrigny, propriétaire. Le duc de Nevers s'était désisté de droits prétendus sur la mouvance.

*Chalaux, près Lorme.* — Chalaut-en-Morvand, ayant pour seigneur François-Louis-Antoine de Bourbon, comte de Busset.

*Château-Chinon.* — Seigneur Louis de Mascrany, président honoraire au grand conseil. Seigneurie ayant le titre de comté et bailliage. Foi et hommage fait par le seigneur à François I<sup>er</sup> par acte au bailliage de Saint-Pierre en 1544.

« La justice se rendait à Château-Chinon, au nom du comte, dans un bailliage seigneurial créé par lettres du roi, en 1395. Il avait dans sa dépendance la ville, sa banlieue et plusieurs paroisses voisines, en tout ou en partie. De ce bailliage ressortissaient les jugements des justices féodales de la mouvance du comté, dont les officiers étaient tenus de se présenter aux assises du bailli, lorsqu'ils y étaient convoqués. Les appels se faisaient directement au siége présidial de Saint-Pierre-le-Moûtier, sauf les sentences criminelles de mort et de mutilation de membres qui se portaient à la cour souveraine du Parlement. Le personnel se composait d'un bailli de robe longue (Jean Millin, 1755; de Valery, 1783; Lazare-Alexis Richou, 1787), aux gages de 50 livres; d'un lieutenant-général, à 40 livres; d'un lieutenant particulier, sans rétribution; d'un procureur fiscal, à 50 livres; d'un procureur du roi, etc. » (Baudiau, t. I<sup>er</sup>, p. 283, *le Morvand.)*

Dans la liste des fiefs relevant du comté de Château-Chinon nous trouvons, comme ayant une justice à l'époque dont nous nous occupons, les suivants :

*Les Anglois,* paroisse de Saint-Léger-de-Fougeret; *Arcilly,* paroisse d'Anizy; *Argoullois,* sous Montsauche; *Argoullais,* paroisse de Saint-Hilaire-sous-Château-Chinon; *Aringette,* paroisse de Chaumard; *Arleuf, Aron,* paroisse de Courancy; *Beauregard,* paroisse d'Arleuf; *Blaizy* (haute justice unie à celle de Maison-Comte), paroisse de Chaumard; *Bonnaré,* paroisse de Dun-les-Places; *Bouteloing,* paroisse de Saint-Léger-de-Fougeret; *Bouteloing,* paroisse de Saint-Léger; *Boutenot,* basse justice, paroisse de Planchez-Frétoy, était de la haute justice du marquisat de la Tournelle; *Brassy* (la justice de la baronnie de Brassy, unie au comté de Château-Chinon, constituait le bailliage de Brassy et Dun, comprenant les paroisses de *Brassy*, *Dun* et *Montgaudier*, en Bourgogne. Ce bailliage était réuni à l'époque dont nous nous occupons à celui de Lormes à la part de Château-Chinon); *Bussière*, paroisse d'Ouroux; *Bussy ou Buxi*, paroisse d'Anost-en-Bourgogne; *Le Bruys*, paroisse de Montigny-en-Morvand; *Bussière* et le nouveau *Chailloux*, paroisse de Montaron; *Bussy*, paroisse de Poussignol; *Bois-Resigne*, paroisse de Château-Chinon (avec justice, dénombrement au comté du 4 août 1504); *Certaine* et *Cendre*, paroisse de Montaron; *Chaligny*, paroisse de Saint-Hilaire-en-Morvand, érigé en justice le 15 juillet 1781; *Champs*, paroisse de Saint-Léger-de-Fougeret; *La Chaize*, paroisse de Pazy; *Coulon*, paroisse de Mouron, relève de Lormes; *Courancy*, *Le Creuzay*, paroisse de Sardy; *Cuy* (le grand et le petit), paroisse de Chougny; *Demain*, paroisse de La Collancelle; *Fachen*, paroisse de Château-Chinon, faisant partie du marquisat de la Tournelle (l'acte de foi et hommage de 1621 comprend aussi Arleuf, celui d'avril 1504 comprend Fachen, Arleuf, Arcilly, le Verdoux, le Grand-Anizy et la Ryne); *Fonteny*, paroisse d'Ouroux; *Fusilly*, paroisse de La Collancelle; *Saint-Germain-des-Bois* (ce fief ayant été saisi, le roi en demanda la mainlevée. De là toute une procédure. Foi et hommage à Château-Chinon du 12 juin 1612); *Gien*, paroisse de Gien; *Guippy*, *Héry*, *Saint-Hilaire*, *Grandry*, paroisse de Dun-sur-Grandry; *Lantilly*, paroisse de Cervon; *Saint-Léger-de-Fougeret*, *Lichy*, près de Bonai, dans les Amognes; *Maison-Comte*, paroisse de Courancy; *Mazinien-le-Cusset*, paroisse de Marigny-l'Église, relève de Lormes; *Menemois*, paroisse de Quarré-les-Tombes, relevait de Lormes-Chalons; *Montaron*, *Menessaire*, en Bourgogne et en Nivernais; *Le Montal*, paroisse de Dun-les-Places; *Montbaron*, paroisse de Château-Chinon; *Montbaron-le-*

*Sauvage*, paroisse de Cervon; *Montigny - en - Morvand*, Niroux, paroisse d'Aunay; *La Motte-de-Montener*, quart de la justice, paroisse de Pouques (justice du Fraigne, Pontallier et Pouques); *Pazy*, *Saint-Péreuze*, *Poissons*, faisant partie du marquisat de la Tournelle; *Pontot* (Pontot, Mhère, Retoulle, relèvent de Lormes à la part de Château-Chinon et de Lormes à la part de Chalons. Promesse de foi et hommage Ouroux du 5 juillet 1675. Procès pour la mouvance en 1675. Aveu du 31 août 1676); *Poussery*, paroisse de Montaron; *Poussignol* (justices de Quincize, Etoulle et dixme de Poussignol); *Précy*, paroisse de Château-Chinon; *Prélichy*, paroisse de Pazy; *Quincize*, paroisse de Poussignol; *Ratoulle*, paroisse de Vauclaix; *Razou*, paroisse de Brassy; *Ruère*, paroisse de Gâcogne; *Sermage*, *Surpallis*, paroisse de Saint-Péreuze; *Thars et Chenizot*, paroisse de Chougny; *Thavenault*, paroisse de Mouron, relève de Lormes à la part de Château-Chinon; *Thurigny*, paroisse d'Aunay; *Tilleux*, paroisse de Saint-Léger-du-Fougeret; *La Tournelle* (marquisat); *Traclin*, paroisse de Saint-Léger; *Tressolles*, paroisse d'Héry (la justice d'Héry relève aussi de Château-Chinon); *La Trouillère*, paroisse de Guipy; *Vendenesse et Nourry* (voir ce que nous disons au mot Vandenesse figurant parmi les justices relevant de Saint-Pierre).

En parcourant cette liste des fiefs relevant du bailliage de Château-Chinon, on remarquera que plusieurs d'entre ces justices sont représentées par leurs magistrats aux assises de Saint-Pierre-le-Moûtier comme relevant directement du roi. La justice pouvait être au roi et le fief relever du comté.

*Coulonges.* — Prieuré avec justice, paroisse de Coullonges-sous-Cercy, ayant pour seigneur le prieur du lieu, François Dieudonné.

*Cencoins.* — Le juge de Sancoins était qualifié de prévôt royal. La prévôté royale de Sancoins avait une origine semblable à celle de Saint-Pierre. C'est au moyen d'un

traité de pariage avec les Bénédictins de La Charité-sur-
Loire que le roi établit un prévôt à Sancoins.

*Cervon.* — Abbaye et chapitre avec justice.

*Certaine et Villemolin.* — Terre, justice et seigneurie de
Certaines, paroisse de Cervon, relève de Lormes, suivant
foi et hommage des 24 août et 20 septembre 1617, au seigneur, M. de Blosset, de Certaines. — *Certaine et Cendre.*
— La justice, cens et rentes de Cendre ont été aliénés du
chapitre de Moulins-Engilbert et du prieuré de Saint-Honoré
les 7 septembre et 3 novembre 1563. — *Villemolin,* haute
justice, relève de Lormes à la part de Château-Chinon,
suivant actes de foi et hommage des 29 décembre 1617 et
18 janvier 1618.

*Chigy-le-Gros,* paroisse de Tazilly, moyenne justice,
ayant pour seigneur Hugues de Chargères. D'après dénombrement du 3 janvier 1702 reçu par Ballard, notaire à Luzy,
le fief de Chigy est dans la mouvance de Nevers.

*Chanay, près de Nevers,* ayant pour seigneur Marie de
Bèze, veuve de Jean-Louis de Fresne, fief, justice et château
relève de la baronnie de la Mole et Cours-les-Barres. Foi et
hommage du 24 juin 1732, reçu Sionnest, notaire à Nevers,
et 4 avril 1636, reçu Collin, notaire. Dénombrement reçu
Goussot, notaire à Nevers, du 28 mars 1769.

*Coucron,* paroisse de Taix, appartenant à Antoinette-
Perpétue-Martiale Mellon.

*Craux et Lamenay.* — Craux relève de Saint-Pierre-le-
Moûtier, suivant actes de foi et hommage des 5 avril 1677,
2 juillet 1720, 2 juillet 1726, au bureau des finances. Denis
Raudot, intendant de la marine, est seigneur.

*Coddes.* — Le fief et terrier de Coddes, à M^{me} la duchesse
de Villars. Aliénation du prieuré de Coulonges du 26 octobre
1563. Relève de la tour quarrée de Saint-Pierre, suivant
actes de foi et hommage au bureau des finances des 13 janvier
1689 et 27 juin 1729, par Louis Hector, duc de Villars.

*Cougny* (Cougny, Vaux et Langeron-Baronnie). — Terre,
justice et seigneurie de Cougny ayant pour seigneur Louis-

Théodore Andrault, comte de Langeron. A cette justice était jointe la justice haute, moyenne et basse de Pin, qui relevait de Saint-Parize-le-Châtel, suivant foi et hommage du 21 juillet 1741, reçu par Gilbert, notaire.

Il existe des actes de foi et hommage au domaine du Bourbonnais des 27 août et 27 avril 1674, 28 mars 1680, 30 décembre 1727 et 24 décembre 1729. Il y a aussi une ordonnance de la Chambre du domaine à Paris du 24 mars 1694 portant que le marquis de Langeron déposera ès-mains du receveur général des domaines et bois la somme de 30,000 livres pour les droits de quint à cause de son acquisition.

Langeron, terre, château, justice et seigneurie relevait du Bourbonnais. Foi et hommage des 30 août 1609 et 23 août 1717.

*Chambon*, paroisse de Livry, ancienne maladrerie réunie à l'hôpital de Saint-Piérre-le-Moûtier. La terre de Chambon est portée comme franc-alleu du roi.

*Chemin*, paroisse d'Anthien, ayant pour seigneur le comte de Choiseul. Foi et hommage du 24 août 1617 à Lormes.

*Chasnay*, en ce qui est des Bénédictins de La Charité.

*Chazeuil, près de Varzy.*

*Cerigny, près de Neuvy-le-Barrois,* ayant pour seigneur Félix de Saint-Sauveur.

*Champroux*, paroisse de Couleuvre, dépendant du marquisat de Lévy (Bourbonnais).

*Chassy-Carolles.* — Chassy-Carouble, paroisse de Vignol, ayant pour seigneur M. de Barroy.

*Cessy-les-Bois, près de Donzy,* ayant pour seigneur le prieur du prieuré de Cessy-les-Bois.

*Champange*, paroisse de Gimouille, ou Sampanges, à la part de Saint-Sauveur de Nevers.

*Cuzy, près de Cervon,* ayant pour seigneur M. de La Ferté-Saulière.

*Cuncy-sur-Yonne* ou Cuncy-Villiers-sur-Yonne, ayant pour seigneur M. de Chabanne.

*Courty, près de Chiddes,* au baron de Vitry. On lit dans un état général des fiefs : « Les fiefs, justices et seigneuries de Champlévrier, la Verchère et Baisse relèvent du roi, suivant hommage du 10 janvier 1684 au bureau des finances. Les fiefs et justice de Champlévrier, de Richeaupour (Richaufour) *ou Saint-Jean-des-Curtils relèvent de La Roche.* » La chapelle de Saint-Jean-des-Curtils et ses dépendances formaient un fief ayant droit de haute, moyenne et basse justice, et appartenaient au seigneur de Champlévrier.

*Courty,* près de Coulon (Courty-Tavenault), à Étignard.

*Cuy,* paroisse de Chougny. Le Grand et le Petit-Cuy, à Nicolas Le Roy. La terre, justice, seigneurie et château de Cuy relèvent de Château-Chinon, suivant foi et hommage des 8 août 1616 et 15 décembre 1620. Supplément d'aveu du 8 février 1674. Aveu et dénombrement du 10 janvier 1675. Aliénation ecclésiastique.

*Champdoux,* paroisse de Dienne, fief qui relève de la tour quarrée de Saint-Pierre. Hommage au bureau des finances des 15 janvier 1729, 14 avril 1687, 8 juin et 6 décembre 1686, 27 juin 1685. Seigneur Gilbert Thomas, bourgeois à Saint-Saulge, acquéreur de la baronnie de Guillaume Desprez, seigneur de Lancray ; il a été condamné par l'administration du bureau des finances confirmant une saisie à faire foi et hommage au roi (6 juin 1730).

*Crux,* à M. de Damas. Relève du duché de Nevers, suivant acte de foi et hommage reçu par Marchangy, notaire, le 25 janvier 1709.

Le seigneur de Crux devait une redevance de quatre boisseaux de froment, quatre boisseaux de seigle et quatre boisseaux d'avoine sur la dîme de Crux, acquise du prieuré de Saint-Saulge, suivant dénombrement, à Saint-Pierre-le-Moûtier du 13 septembre 1668. La terre relève du duché, mais la redevance est du prieuré de Saint-Saulge, relevant de la tour quarrée et boulevard de Saint-Pierre-le-Moûtier.

*Chevannes, près Tannay*, paroisse d'Amazy ; seigneur, Bouez d'Amazy.

*Château de Limenton*. Les mêmes propriétaires qu'à Bernay. On lit dans un état général des fiefs : « Les terres, justices, seigneuries et châteaux de Limenton et Bernay. Bernay relève de Château-Chinon (foi et hommage des 4 novembre, 16, 17 et 24 janvier 1618). Limenton relève du duché de Nevers en partie et de l'abbaye de Bellevaux. Les fiefs de Magny, moulin banal et le terrier du Pied-de-Bisches, avec justice, dixme du prieuré de Bisches, relèvent du roi, à cause de la tour quarrée de Saint-Pierre. » La Lye était une justice enclavant le château de Limenton et dépendances. (Voir à ce nom.)

Parmi les aliénations des biens d'Eglise, en 1563, on trouve que « la justice haute, moyenne et basse de Limenton, appartenant au prieur de Biches, avec plusieurs cens, rentes, bourdelages et autres devoirs, ont été acquis par le sieur de Loron, seigneur de Limenton, par décret du 15 septembre 1563, moyennant la somme de 283 l. 15 s.

*Commagny*. — Prieuré avec justice, ayant pour seigneur M. Limousin, prieur de Commagny, chanoine de Nevers.

*Coullon*, paroisse de Mouron, relevant partie de Château-Chinon, partie de Lormes. Haute justice relevant de Saint-Pierre. En 1730, Coullon fut confisqué par les soins du bailli de Saint-Pierre au profit du roi à la mort de Françoise Semelé, accusée d'hérésie ; mais, en 1740, cette seigneurie fut remise à Mazillier de La Rivière.

*Demeure*, à Pierre Babaud de La Chaussade. Les fiefs, justice moyenne et basse relèvent de l'évêché de Nevers à cause d'Urzy.

*Demain et les Choux* (Coux), près de Dompierre-sur-Héry, à Louis de Damas, comte de Crux.

*Dienne*. — Fief et justice ; seigneur Claude - Benoît de Maulnorry. Dienne et la Chapelle-Sainte-Radegonde, haute justice relevant de Saint-Pierre.

*Dompierre, près La Charité*, ayant pour seigneur François-Joachim de Bernis, prieur des Bénédictins de La Charité.

*Dompierre-sur-Besbre* (Bourbonnais), à Charles-Jean-Baptiste Desgaberts, président au Parlement.

*Druy*, ayant pour seigneur Louis-François de Paul de Soudeille. Il y avait là un bailliage où étaient portés les appels de cinq prévôtés et qui ressortissait de Saint-Pierre. Les terre, justice, château et comté de Druy relevaient de l'évêché de Nevers, comme baronnie. Cette baronnie a été érigée en comté par Louis XIV, suivant lettres-patentes d'octobre 1658. Ce fief s'étendait sur les paroisses de Marnay, Moutier-en-Glenon, Sougy et Saint-Ouen. Le terrier de 1593 porte que la seigneurie de Druy avait la toute justice, haute, moyenne et basse en huit paroisses, savoir : Druy, Marnay, Béard, Saint-Oingt, Sougy, Parrigny-sur-Sardolles, Varennes-en-Glenon et Moustiers-en-Glenon ; que pour l'exercice de laquelle justice il y a un bailly, lieutenant, procureur fiscal, greffiers, sergent et autres officiers ; du bailliage ressortissaient les appellations du juge et garde de la prévosté de Varennes, du juge et garde de la prévosté de Bouy, paroisse de Saint-Oingt, du juge et garde de la prévôté de Béard, du juge et garde de la prévôté de Travant, paroisse de Druy. — Dénombrement fourni par Simon Marion à l'évêque de Nevers le 28 septembre 1610. Aveu et dénombrement fourni par le président Coste de Champeron, le 6 octobre 1741. Saisie féodale du 15 avril 1676. Main-levée d'icelle. M. de Druy a justifié que sa terre relevait de l'évêché.

*Dompierre-sur-Héry*, seigneur Louis-Pierre, comte de Jaucourt, seigneur d'Huban.

*Dorne*, en ce qui est du ressort de Saint-Pierre, au marquis de Verneuil.

*Dornecy*, généralité de Paris, en partie au prince de Condé, l'autre partie à l'abbé commendataire de Vézelay.

*Eugny*, paroisse de Chaumot, et *La Chaise*, paroisse de Pazy; seigneur Germain-Joseph de Pagany.

*Frasnay-les-Chanoines*, seigneur Pierre Babaud de La Chaussade.

*Fontaine, près de Decize*, au prieur du lieu.

*Ferrière, près de Clamecy*, à La Ferté-Challement.

*Flez, près de Varzy*, paroisse de Saint-Pierre-du-Mont, à l'évêque d'Auxerre.

*Fontenay*, généralité de Paris à la part de Vézelay, à l'abbé commendataire de Vézelay.

*Fours et Maisons-en-Longue*, au marquis de Vogué. 26 juin 1773. Foi et hommage fait par Charles-François-Éléazar marquis de Vogué, demeurant à Aubenas, à M^mes les Abbesse et Religieuses de l'abbaye royale de Notre-Dame de Nevers, à cause de sa terre et seigneurie de Fours et Maisons-en-Longue-Salle, justice d'icelle, paroisse du même nom ; acte devant Gounot, notaire à Nevers. — La justice *du Bois-l'Abbesse*, paroisse de Fours, aliénation de l'abbaye de Notre-Dame de Nevers, relevait aussi de Saint-Pierre.

*Faye, près Saint-Éloy-les-Nevers*, ayant pour seigneur l'abbé Decantes, grand-chantre (1).

*Givry et la Môle*, ayant pour seigneur Benoist Marion de Givry, correcteur des comptes à Dôle. Les baronnies de Givry et château de la Môle, justice et seigneurie de Cours-les-Barres, avec droit de dixmes, relevaient de l'évêché de Nevers, comme baronnie de cet évêché. Dénombrement du

(1) On ne voit pas figurer *Fucilly*, paroisse de La Collancelle ; ce fief relève de la tour quarrée de Saint-Pierre, suivant hommage du 14 juillet 1621 par Pierre de Jaucourt, par-devant les trésoriers du bureau des finances de la généralité de Moulins. 4 décembre 1716, reçu Barleuf, notaire à Decize, 3 janvier 1724. La mouvance fut contestée en vain par M^me de Soissons pour Château-Chinon. Dans le procès-verbal des assises dressé le 4 juin 1755, on appelle « le juge de Mougny et Fusilly, fiefs appartenant à M^me de Saint-Rémy ». Aux assises du 17 juin 1769, on appelle « le juge de Mougny, Fucilly et Bussi ».

7 août 1774 devant Goussot, notaire à Nevers, des terre, justice et baronnie de Givry et Cours-les-Barres, à Jean-Antoine Tinseau, évêque de Nevers. Du 28 janvier 1784, foi et hommage des baronnies de Givry et Cours-les-Barres, haute, moyenne et basse justice, par Pierre-Claude Marion, écuyer, baron de Givry, à Pierre de Séguiran, évêque de Nevers, devant Goussot, notaire à Nevers.

*Grandrys*, paroisse de Dun-sur-Grandry, à Jean-Charles de Négrigny, comte d'Aulnay. Dénombrement au duché de Nevers du 26 décembre 1737 pour Dun-sur-Grandry, à cause de la châtellenie de Montreuillon ; mais Grandry, hameau, était dans la mouvance du comté de Château-Chinon et de la châtellenie de Montreuillon.

*Guérigny*, à Babaud de La Chaussade. Les terre, justice, seigneurie et château de Guérigny, les fiefs de Vérille, de la Motte-d'Ourouer et Gondelins, relevaient Guérigny du roi à cause de la tour quarrée de Saint-Pierre ; Vérille, de l'évêché de Nevers ; la Motte-d'Ourouer et Gondelins, de la baronnie de Frasnay-les-Chanoines. On constate parmi les aliénations de biens d'Église que « la justice, haute, moyenne èt basse de Guérigny, avec une redevance de dix livres », quatre poules, cinq quarteaux d'avoine et douze deniers de cens en ladite justice a été acquise par Guy Vanetier de Petitmont, du chapitre de Saint-Cyr de Nevers, par décret du 30 septembre 1563.

*Guipy, près de Corbigny*, et *Bernot*, ayant pour seigneur M^lle Dupré de Guipy.

La paroisse de Guipy comprenait : 1° la terre, seigneurie et château de Guipy, relevant de Château-Chinon, suivant actes de foi et hommage des 17 août et 20 novembre 1617, 23 décembre 1684. Dénombrement du 3 juillet 1685.

2° La terre, justice et château de Prély-Chérault. Aliénation de l'abbaye de Saint-Léonard de Corbigny du 3 novembre 1563, relevant de la tour quarrée de Saint-Pierre, seigneur Charles de Lenfernat.

3° La terre, justice, seigneurie et château de la Trouillière, relevant de Château-Chinon, suivant foi des 14 décembre 1619 et 30 septembre 1627, à Sébastien de Blosset de Certaines.

4° Le fief et justice de Vesvre, à Philibert Danguy de Montreuillon, relevant de Saint-Pierre. Aliénation de l'abbaye de Saint-Léonard de Corbigny du 16 novembre 1567.

5° Le prieuré de Saint-Martin de Guipy, aux chanoines réguliers de Saint-Martin de Nevers.

*Héry, près Dompierre*, paroisse d'Héry-Tressolles, à la part du Bouquin, ayant pour seigneur Philibert de Bonis du Cluzeau.

*La Montagne-en-Grenois*, à M. de Jaucourt.

*Le Feuilloux*, à M. le commandeur Josset, curé de Saint-George, à Lyon.

*La Chapelaude-en-Bourbonnais*, au prieur du lieu.

*La Voûte, près Dompierre-sur-Bèbre*, paroisse de Beaulon, à Charles-Jean-Baptiste Desgaberts, président au Parlement.

*La Collancelle*, au comte de Damas.

*La Chaise*, paroisse de Pazy, à Germain-Joseph et Jean-François de Pagany, vassaux du comté de Château-Chinon. Foi du 25 octobre 1617. 6 juin 1726, reçu Bruandet, greffier à Château-Chinon. (Voir plus haut Eugny.)

*La Chaise-sur-Loire, près Tannay-sur-Loire*, réunie à la terre du Pont, à Chaussin d'Harly.

*Le Tremblay*, paroisse d'Isenay, à Nicolas, marquis de Fussey. Dénombrement de la terre du Tremblay, justice, seigneurie et château, devant les présidents, trésoriers de France et généraux des finances de la généralité de Moulins, en date du 24 août 1720, reçu Guillier, notaire à Moulins-Engilbert, par Louis-Alexandre de Reugny. Foi et hommage au roi du 24 juillet 1726 de cette terre, des domaines Baudin, Denay, Somery et la Chapelle, paroisse d'Isenay. Haute, moyenne et basse justice mouvante en plein fief du roi, tenant du levant et du midi à l'Aron, de l'ouest au Bouron, du nord aux usages de Sozay ; justice et seigneurie dans l'église paroissiale d'Isenay. Tout droit de justice et seigneurie dans l'église paroissiale d'Isenay.

*La Forêt-sur-Canne,* paroisse de Savigny-sur-Canne, à la dame Pierre, épouse de Ferrand de La Forest. Hommage du 27 décembre 1675, du 14 septembre 1692, du 20 mars 1717 ; enregistrement au bureau des finances le 14 juin 1728.

*La Loge, près Dienne,* paroisse de Montigny-sur-Canne. Le bois de la Loge, avec justice, à Guillaume Desprez. Dénombrement au roi du 12 août 1729, reçu Jaubert, notaire ; hommage des 8 octobre 1692 et 6 juillet 1726. (Voir plus haut Lancray.)

*La Vallée-Bureau, près d'Anlezy,* paroisse de Dienne, à M. de Damas. Arrière-fief de Lancray, suivant ordonnance du 26 janvier 1726. Hommage du 23 mai 1686. Ce fief est compris dans l'aveu du fief de la Loge du 6 octobre 1692 comme arrière-fief en revenant. M. Jean de La Tour-Dusly, comte de Saint-Vidal, acquéreur de ce fief le 5 novembre 1687, consentit à relever de Saint-Pierre.

*La Chapelle-Hugon* (en Berry), seigneur M. de Fougières.

*La Magdeleine-en-Séjour, paroisse d'Azy-le-Vif. —* Un procès-verbal d'assises porte : *Pas d'habitants.*

*Lienesse, près Sancoins,* à Leroy de Beauquaire.

*La Goutte,* paroisse de Fléty, moyenne et basse justice, à Jacques Desjours de Mazille. Foi et hommage reçu Reuillon, notaire à La Nocle, du 12 janvier 1714. Relève de La Nocle.

*La Vilotte,* paroisse de Cizely.

*Luthenay,* seigneur Louis-Guillaume Sallonnier, ayant acquis de Joseph-François de La Chasseigne. Les terres, justices, seigneuries et châteaux de Luthenay, la Vesvre et Rosemont relevaient : Luthenay, du roi, à cause de la tour quarrée de Saint-Pierre, d'après dénombrement reçu Bureau, notaire à Saint-Pierre, le 28 avril 1714. — La Vesvre, du duché de Bourbonnais, châtellenie de Moulins, suivant foi et hommage des 8 janvier 1599, 6 mars 1664, 17 juillet 1673, 7 janvier 1685, 5 février 1692, 13 janvier 1714, 22 décembre 1716. — Rosemont, du duché de Nevers, châtellenie de Nevers.

*La Lye* (Lailly ou Lasly, voir château de Limenton), le même seigneur que le château de Limenton. Aliénation de Biches.

*Les Granges, près de Cusset.*

*La Coudre* (La Cœuldre, paroisse de Saint-Honoré, à M. Eustache de Chargères. Aliénation du prieuré de Saint-Honoré et du chapitre de Moulins des 3 et 7 novembre 1563. Haute, moyenne et basse justice. Dénombrement reçu Thierrat père, notaire à Luzy, le 24 mai 1762. Indiqué comme franc-alleu dans le relevé des fiefs déjà cité.

*La Cordille,* paroisse d'Héry-en-Berry, aux Bénédictins de La Charité.

*Limenton,* en ce qui est du ressort de Saint-Pierre (voir château de Limenton).

*La Charnay-Charost, près de La Charité* (Berry), à M. de Quincy.

*La Quenouille* (ou Conaille), paroisse d'Avril-sur-Loire. Franc-alleu à M. de Sarzay, seigneur de Dorne. Foi et hommage du 9 février 1720.

*Les Troches, près Saint-Révérien*, à Jean Berthier, intendant de la généralité de Paris. Aliénation du prieuré de La Charité du 30 septembre 1563.

*Lentilly*, paroisse de Cervon, seigneur Louis-Antoine, comte de Torcy. Foi et hommage à la seigneurie de Lormes du 29 août 1617.

*Lormes à la part de Châlons.* — La terre et château de Lormes à la part de Chalons ayant pour seigneur Pierre-Constantin Levicomte, comte de Blangis.

Les deux tiers de cette terre sont situés dans le détroit de la généralité de Paris, élection de Vézelay. Les appels du bailliage se portaient à la pairie de Nevers ; ce bailliage siégeait au château baronnial et les sentences s'exécutaient sur la montagne de la Justice.

*Lormes à la part de Château-Chinon,* Dun-les-Places et Saint-Marc, chapelle, réunies par lettres-patentes, ayant pour seigneur Louis de Mascrany. La terre, baronnie et bailliage relevait du roi à cause de la tour quarrée de Saint-Pierre, suivant la foi et hommage fait par acte reçu au bailliage de Saint-Pierre, en 1544, par Louis d'Orléans de Longueville, marquis de La Houlin, son seigneur. Autre acte de foi, hommage et dénombrement du 17 mars 1557. La terre s'étendait sur les paroisses de Brassy, Gâcogne, Magny-l'Ancien et Mhère. Louis de Mascrany l'avait acquise de Pierre-Amédée de Savoye de Carignan, par acte reçu Dupuy, notaire à Paris, du 14 mars 1719, en même temps que la terre de Château-Chinon.

*Lancray, près Dienne,* paroisse de Montigny-sur-Canne. La terre et justice de Lancray à Eustache de Chéry relevait de Châtillon, suivant le dénombrement du 14 avril 1735. Mais dans l'acte de vente sous seings privés par lequel Eustache de Chéry vendit à Guillaume Desprez, 16 novembre 1738, on voit que la Loge (le bois de la Loge avec justice) et le Thonin relevaient du roi. Dénombrement au roi des 16 juillet et 12 septembre 1687. Foi et hommage au roi du 20 mars 1705, reçu Rondeau, notaire à Nevers. Dénombrement du 12 août 1729, reçu Jaubert, notaire à Fleury.

*La Scelle-sur-Nièvre,* ayant pour seigneur Louise-Françoise-Léontine de Prunelé, dame de Fonfaye, veuve de Gabriel de Morogues.

*La Charité-sur-Loire,* ayant pour seigneur le prieur de La Charité. Le prieur du monastère des Bénédictins avait un bailliage dont la juridiction s'étendait sur toutes les terres de la Nièvre et du Berry, dépendant du prieuré. On lit dans Née de La Rochelle : « Les causes d'appel se portèrent au bailliage de Nevers jusqu'en 1296 que Philippe le Bel fit ressortir à ses tribunaux royaux toutes les justices de l'ordre de Cluny. Alors la justice de La Charité fut du ressort de Bourges ; mais ce siége, ayant cessé d'être royal par la création du Berry en duché, le roi Charles V, en 1366, la fit ressortir du bailliage de Saint-Pierre. L'administration de la justice aux habitants des paroisses dépendant du prieuré fixa l'attention de Jacques-Nicolas Colbert. Il se pourvut en 1682 au bailliage de Saint-Pierre pour la réunion des justices de Raveau, Charly, Villatte, Bulcy et Narcy en partie à La Charité (ordonnance du bailliage 1684). A l'égard des paroisses d'Argenvières, Saint-Léger-le-Petit, La Chapelle-Montlinard, etc., les justices restèrent distinctes. Il en fut de même de celles de Dompierre, Murlin et Saint-Bonnot. »

*La Roche-Millay et les Nonins,* à la part de Marcigny-les-Nonains (Charolais). La baronnie de la Roche avait pour seigneur Jacques-Louis de Mun de La Ferté, seigneur de Saulière, qui l'avait acquise de Jeanne-Angélique Roque, veuve de Louis-Hector duc de Villars, devant Frottier, notaire à Paris, du 15 avril 1736. — La Roche-Millay est indiqué ainsi dans les relevés de fiefs dressés au dix-huitième siècle par les employés du contrôle : Baronnie de Laroche-millay et Vanoise, prieuré ; haute justice relevant de Nevers et de Saint-Pierre.

*Livry,* ayant pour seigneur le prieur de Saint-Pierre.

Le quart de la justice, blairie et vignolerie de Livry avait fait l'objet d'une aliénation du prieuré de Saint-Pierre du 24 juillet 1563, à la charge de relever en fief de la tour quarrée de Saint-Pierre (foi et hommage des 5 mai 1672, 30 janvier 1693, 27 août et 5 novembre 1677, 16 septembre 1693). Ce quart appartenait à Charles Renaud du Brocq, l'ayant acquis du marquis d'Escorailles. Un autre quart de la justice, blairie et vignolerie de Livry provenait d'une aliénation semblable et appartenait à Louis-Théodore Andrault, comte de Langeron. (Hommages des 5 mai 1672, 10 décembre 1692 et 20 mars 1775.) Un seizième de la justice de Livry, aliéné par le chapitre de Saint-Cyr de Nevers, appartenait au même.

*La Trouillère*. Voir Guippy.

*Les Ecuyers*, *près Pouilly-sur-Loire*, à Claude-Marie Dodart.

*Les Trois-Vesvres-sur-Sardolles, en ce qui est du ressort de Saint-Pierre, à l'abbesse de Notre-Dame de Nevers.* La terre et justice de Parigny-sur-Sardolles et Trois-Vêvres, fief de Grandchamp et Menaton, relèvent du roi pour deux tiers, suivant foi et hommage des 9 mars 1701, 15 juin 1726 et 24 novembre 1729. Un tiers à l'abbesse de Notre-Dame.

*Le Pourpris* de Saint-Etienne de Nevers, au prieur.

*Le Cellier*, au chapitre de Nevers.

*Lichy*, en partie, à Nicolas de Lichy. La seigneurie, justice et château de Lichy relèvent de la tour quarrée de Saint-Pierre.

*L'Isle-Savary*, paroisse de Langeron, à Geneviève Emailles, fille de Pierre Emaille, femme de Bordereuil. Aliénation du prieuré de Saint-Pierre.

*La Barre*, paroisse de Livry, à M. de Dreuille. On lit dans le relevé des fiefs déjà cité : « La terre de la Barre ou Villelume et partie du terrier Bergeron, le fief de Boishaut, ayant pour seigneur Renaud du Brocq. Le terrier Bergeron relève du roi à cause de la tour quarrée de Saint-Pierre, suivant foi et hommage du 16 septembre 1693 présenté par François marquis d'Escorailles.

*La Thole*, *près d'Augy-sur-Aubois* (Berry).

*Lhéré*, en Berry, aux chanoines de Saint-Martin de Tours.

*Le Chautay*, en Berry, à Joseph de Tenon et au chapitre d'Orléans.

*Sept-Voies*, ayant pour seigneur le prieur de Saint-Révérien.

*Les Chaises*, paroisse de Diennes, ayant pour seigneur Benoist de Maulnoury, conseiller au Parlement de Paris, seigneur d'Aubigny. Foi et hommage du 7 mars 1775.

Aveu du 15 juillet 1776. (Voir plus haut *Chevannes-les-Crots.*)

*La Verchère et la Corvée,* paroisse de Chiddes, haute, moyenne et basse justice, à Bruneau de Vitry. Dénombrement devant Bonneau, notaire à Semelay, du 5 juillet 1779.

*Maisonfort, près de Champvoux,* aux Bénédictins de La Charité.

*Montverin,* ayant pour seigneur Dupuis de Tournon, marquis du lieu. Hommage au roi du 21 juillet 1687 et dénombrement du 12 avril 1690 au bureau des finances. Partie relevait du duché.

*Millay, à la part de Marcigny-les-Nonains.* — Fief et seigneurie de Millay à demoiselle Commeau de Pontdevaux. Saisie féodale sur Darlay, conseiller au Parlement de Dijon, 9 septembre 1774. Foi et hommage du 21 juillet 1687. Foi et hommage du 22 mars 1776. En instance sur la mouvance réclamée par le duc de Nevers.

*Magny, près de Saint-Pierre,* ayant pour seigneur le trésorier de la cathédrale de Nevers. (La seigneurie et justice de Magny.)

*Magny, dit le Petit, près Pouilly-sur-Loire,* ayant pour seigneur le prieur des Bénédictins de La Charité.

*Murlin, près de La Charité,* aux Bénédictins de La Charité.

*Montambert,* au prieur commendataire du lieu. Foi et hommage du 10 mai 1740.

*Montcharlon,* haute, moyenne et basse justice, et *Marry-sous-la-Montagne,* au marquis de Vitry. Foi et hommage des 19 avril 1771 et 31 décembre 1776. Aveu du 5 octobre 1779 affirmé devant Bonneau, notaire à Semelay, le 5 juillet 1779.

*Mouche,* paroisse de Pazy, ayant pour seigneur Claude-Robert Dugond, seigneur de la Rochette et du Tremblay, relevant de la Tournelle, en dernier lieu à La Ferté de Challement, à cause de la demoiselle Paris de Prélichy, son épouse.

*Montal* (*Le*), paroisse de Dun-les-Places ; siége de la justice, Mezaugueux ; seigneurs, les de Montal.

*Menetou-Ratel, près Lhéré,* en Berry, aux Bénédictins de La Charité.

*Menetou, à la part de Ferrière,* près de Clamecy, ayant pour seigneur M. de La Ferté-Challement.

*Mont,* paroisse de Limanton, ayant pour seigneur le baron d'Avigneau, vassal de l'abbaye de Bellevaux.

*Montengenevray,* paroisse de Maux, aux enfants de Charles-Guillaume Gueneau ; enregistrement au bureau des finances du 7 juillet 1726.

*Mousseau-sur-Azy-aux-Amognes,* ayant pour seigneur M. du Bourg. Aliénation de l'abbaye de Notre-Dame de Nevers.

*Mazille, près d'Isenay,* ayant pour seigneur l'abbé de Verron, prieur de Mazille, curé de Souvigny, près de Moulins en Bourbonnais.

*Merlay.* Le fief et justice de Merlay ou Merlet-la-Perrière (paroisse de Fleury-sur-Loire) relevait du duché de Bourbonnois, châtellenie de Moulins. Foi et hommage du 15 décembre 1723. Le seigneur était Jean Devaulx (de Fleury), qui avait acquis ce fief de Pierre de Franay. — Les terre et justice de Fleury-sur-Loire et de la Perrière, apparte-nant au même, relevaient du duché de Bourbonnais, suivant déclaration faite au contrat d'acquisition du 10 mai 1726, reçu par Rocheron, notaire à Paris.

Le registre des fiefs porte : « Consistance : Les trois quarts de la justice de Merlay et la Perrière, à partir par l'autre quart avec Jacques de Villaines, écuyer, seigneur dudit Fleury, où il a tous droits de haute, moyenne et basse justice, *avec droit d'injustice,* officiers pour l'exercer, les-quelles justices du Merlay et la Perrière sont entièremen t situées dans le Bourbonnais et relèvent entièrement de la justice dudit Fleury. » M. de Soultray seigneur. Aveu du 28 juillet 1660.

*Maupertuis*, dépendant de la commanderie de Biches. C'était à Maupertuis que se rendait la justice de Biches.

*Marigny-l'Église.* — La justice du lieu appartient au comte de Chatelus, qui a obtenu des lettres-patentes érigeant Chatelus en comté; cette justice fut réunie au comté qui va directement au Parlement. Seigneur François-Louis-Antoine de Bourbon, comte de Busset.

*Monsauge*, à Louise-Charlotte de Foudras, comtesse de Choiseul.

*Marcy* (le Petit) et *Miniers*, à Babaud de La Chaussade.

*Martigny*, à Antoinette-Perpétue-Martiale Mellon. (Le registre des assises porte cette mention : Double emploi, ne relève pas de nous.)

*Montbrun*, à Jacques Dupuis de Tournon, marquis dudit lieu.

*Mauboux*, ayant pour seigneur M^lle Vaillant de Mauboux, épouse du sieur Lejay.

*Mougny et Fusilly*, ayant pour seigneur M^me de Saint-Remy.

*Message et Mussy, près de Nevers*, paroisse de Sermoise, à l'abbesse de Notre-Dame de Nevers et au chapitre. Le relevé des fiefs mentionne Mussy comme appartenant à Grasset, à cause de sa femme, née Godin.

*Montaron en partie*, à Nicolas, marquis de Fussey. En novembre 1763, la justice de Pouligny fut limitée de celle de Mazille; celle de Montaron, haute, moyenne et basse, de celles de Thaix, de Chevannes, de Poussery, de Vandenesse, du Tremblay. Par transaction, M. de Reugny eut le tiers de la justice de Montaron; les deux autres tiers furent attribués à M^me Millot de Montjardin, dame de Reugny.

La terre, justice et seigneurie de Montaron relevait de Château-Chinon, suivant foi et hommage du 6 septembre 1617. (Voir Poussery et Pouligny.)

*Marcenay*, paroisse de Saint-Ouën. Compris dans les arrière-fiefs de Druy, suivant dénombrement dans l'aveu de Druy du 30 septembre 1774, reçu Grenot, notaire à Decize.

Seigneur Jean de Laveyne, héritier de Gaspard Rochery, son oncle.

*Marry*, paroisse de Saint-Honoré, à Claude-François Sallonnier de Montbarron.

*Montbaron, près de Cervon*, à Bonamour du Tartre. Foi et hommage au seigneur de Château-Chinon devant ses officiers, 7 juillet 1777.

*Nave* (Bourbonnais), à l'archevêque de Bourges.

*Neuvy-le-Barois*, à Félix de Saint-Sauveur. Cette baronnie relevait du roi et des seigneurs de Sagonne.

*Neuville*, paroisse de Champlemy, ayant pour seigneur le comte de Pons.

*Ouroux*, ayant pour seigneur Louis de Mascrany.

Le bailliage comprenait le bourg et la paroisse d'Ouroux, celles de Planchez, de Frétoy et de Montsauche en partie. *Les appels se portaient à Saint-Pierre-le-Moûtier.* Les officiers étaient les mêmes que ceux du bailliage de Château-Chinon.

*Ougny*, à Paul-Augustin Save. Terre, justice et seigneurie d'Ougny et fiefs de la Leu, Richardot, Rigny et dépendances, franc-alleu noble, relevant de Châtillon et de Saint-Pierre pour la justice.

*Prieuré de Saint-Pierre-le-Moûtier*, ayant pour seigneur le prieur.

*Poiseux*, baronnie de l'évêché de Nevers. Haute justice, à Charles Andras, comte de Marcy, baron dudit lieu.

*Passançay*, paroisse de Saint-Ouën, à Benoît Moreau-Desmarets, fief vassal de Bouhy.

*Pouilly-sur-Loire et Magny-le-Petit* (voir Magny-le-Petit plus haut), ayant pour seigneur le prieur des Bénédictins de La Charité-sur-Loire.

*Pierre-Perthuis*, à Denis-François Angrand d'Alleray, lieutenant civil au Châtelet.

*Passy*, près Brinay, à Benoist de Maulnoury, seigneur d'Aubigny-le-Chétif.

*Précy*, paroisse de Livry, à Louis-Théodore Andrault,

comte de Langeron, acquéreur de Claude Berger de Franay, suivant acte reçu Gilbert, notaire à Saint-Pierre, du 7 novembre 1747.

*Patinges*, à de Ligondez.

*Prémery*, ayant pour seigneur l'évêque de Nevers.

*Pinet et Port-des-Bois*, ayant pour seigneur l'abbesse de Notre-Dame de Nevers.

*Parzy*, châtellenie épiscopale, paroisse de Garchizy, à l'évêque de Nevers, qui y avait un château et une chapelle.

*Prélichy*, paroisse de Pazy, ayant pour seigneur Louis de La Ferté-Challement, ensuite Bureau de Saint-Alembert. Relève de Château-Chinon. Dénombrement au comté du 27 novembre 1699, reçu Cahaut, notaire à Chitry-les-Mines. Acte de foi et hommage du 3 juin 1726 reçu par Bruandet, greffier à Château-Chinon.

*Parjot*, paroisse de Gâcogne, fief vassal de Ruères, ayant pour seigneur Charles Rousset de Jailly, demeurant à Lormes.

*Pournas*, paroisse de Saxi-Bourdon, haute, moyenne et basse justice dépendant du Cellier, à MM. du chapitre de Saint-Cyr de Nevers. François-Henri Rapine de Saxi, acquéreur à titre de bail à rente féodale, annuelle, censière, perpétuelle et non rachetable et imprescriptible de cent livres, suivant acte reçu par Boury, notaire à Nevers, le 18 novembre 1751.

*Péron* (Pron), paroisse de Montigny-sur-Canne, au marquis de Fussey. D'après le relevé des fiefs déjà cité, le fief et seigneurie de Péron relève du duché de Nevers, à cause de la châtellenie de Cercy, suivant acte reçu par Guillier, notaire à Moulins-Engilbert, le 21 août 1734.

*Ponteau* (le Pontot), *près de Corbigny*, à Etienne Paris. Foi et hommage au comté de Château-Chinon, devant les officiers du bailliage, du 5 juillet 1777.

*Pont*, paroisse de Tannay-sur-Loire. Justice moyenne et basse, réunie à celle de la Chaise, à M. d'Harly.

*Poussery et Pouligny-sur-Aron*, avec le Bazois, au

marquis de Vitry. Poussery et le Bazois relèvent de la seigneurie de Vandenesse, suivant foi et hommage et dénombrement du 17 août 1722, reçus par Guillier, notaire à Moulins-Engilbert, et par Duruisseau, notaire, le 9 septembre 1723. Pouligny relève du duché.

Peu de fiefs donnèrent lieu à autant de difficultés à propos de la mouvance que Poussery. Ce fief, avec justice, fut saisi par plusieurs seigneurs à la fois. Une des anciennes propriétaires crut, un instant, se mettre à l'abri de tous ennuis sur la saisie dont elle était l'objet, de la part de plusieurs seigneurs, en rendant hommage au roi, à Saint-Pierre, et se mettant ainsi ès-mains royales.

*Roche, près de Monsauge,* à Louise-Charlotte de Foudras, comtesse de Choiseul.

*Rochefort,* près de Pouilly-sur-Loire, aux Bénédictins de La Charité.

*Raẑou, près Saint-Martin-du-Puits.* Terre, justice e seigneurie dépendant de Vesigneux, avec Mallerin et Montelny, ayant pour seigneur François-Louis-Antoine de Bourbon, comte de Busset.

*Ruères,* ayant pour seigneur Charles-Arnaud de Certaines.

*Saint-Bonnot,* près de La Charité, ayant pour seigneur le prieur de La Charité.

*Saint-Martin-du-Puits,* ayant pour seigneur François-Louis-Antoine de Bourbon, comte de Busset. Bailliage ayant dans son ressort Chalaux, Empury, Brassy en partie, Saint-André et Marigny en partie. *Les appels se portaient à Saint-Pierre.*

*Saint-André-les-Luẑy,* ayant pour seigneur l'archevêque de Bourges. Haute, moyenne et basse justice. Cette justice semble avoir été réunie aux justices des prieurés d'Avrée et de Semelay.

*Saint-Révérien* et Sancenay, hameau, Saint-Paul, chapelle, haute justice ayant pour seigneur le prieur du lieu.

*Saint-Gratien et Savigny-sur-Canne,* ayant pour seigneur

Nicolas, marquis de Fussey. D'après l'état général des fiefs, la justice et seigneurie de Savigny relevait du duché. Acte Guillier, notaire à Moulins-Engilbert, du 21 août 1734. Une partie relevait de Châtillon. La justice et seigneurie de Saint-Gratien et Chaumigny, hameau, relevait aussi du duché.

*Saint-Péreuse*, ayant pour seigneur Jean-Charles de Mégrigny, comte d'Aunay, baron dudit lieu. Les justice, seigneurie et maison forte de Saint-Péreuse relèvent de Château-Chinon pour partie. Foi du 11 décembre 1617, hommage du 5 mai 1687, du 19 décembre 1732. Pour autre partie, elles relevaient du duché. Cette terre a été aliénée du prieuré de Marcigny par acte du 13 janvier 1628.

*Sainte-Montaine* (Berry), à Nicolas Dupré de Saint-Maur.

*Saint-Martin-d'Heuille*, seigneur l'évêque de Nevers, châtellenie d'Urzy.

Les droits de justice, cens, rentes avaient été acquis de l'évêché de Nevers, le 22 septembre 1563, par messire Henry de L'Hopital, seigneur des Bordes.

Foi et hommage à l'évêché de Nevers par Louise de La Grange d'Arquian, marquise de Béthune, le 27 novembre 1702.

*Saligny*, paroisse d'Amazy, ayant pour seigneur François Philogène, marquis de Blanchefort, puis Le Muet, de Belombre.

*Saint-Loup-sur-Abron*, seigneur Gaspard-Antonin de Prevost, seigneur de Germancy. Le seigneur justicier est le duc de Nevers, suivant actes de foi et hommage des 26 janvier 1756 et 28 août 1775 ; cependant il y avait un prieuré qui a été sécularisé et un petit champ qui faisait partie de la justice de ce prieuré. M. de Prevost possède cette partie de justice qui relève du roi.

On trouve cette mention au relevé général des fiefs : « Terre, justice et seigneurie de Saint-Loup, relevant de la tour quarrée de Saint-Pierre; aliénation du prieuré de Marcigny-les-Nonins en 1628. »

*Saint-Parize-en-Viry*, ayant pour seigneur M. de Sarzay. La terre de Saint-Parize-en-Viry relève du roi, à cause de la tour quarrée et boulevard de Saint-Pierre, suivant foi et hommage du 20 février 1693 par Noël-Eléonor Palarin de Dyo, marquis de Maupeyroux, époux de Marie-Ysabeau de Coligny-Soligny.

(Dans la paroisse de Saint-Parize-en-Viry se trouve le prieuré de Montampuis avec justice, lequel relève du duché de Bourbonnais, châtellenie de Moulins), suivant foi et hommage du 2 mars 1610.

*Saint-Gremange*, paroisse de Cervon, ayant de Pagany pour seigneur.

*Saint-Céol, près les Aix-en-Berry*, appartenant aux Bénédictins de Bourges et à une abbaye.

*Saint-Honoré*, ayant pour seigneur Sallonnier de Montbaron. Haute justice du prieuré relevant de Saint-Pierre.

*Saint-Saulge*, au prieuré du lieu. Saint-Saulge avait deux justices : celle du duc, la paroisse de Saint-Saulge avec le territoire de Chevannes-Gazeau; celle du prieur, comprenant ce qui était du côté du prieuré jusqu'à Ranceau et aux environs, avec les paroisses de Saint-Maurice, de Sanizy et de Narloup. Le duc et le prieur prétendaient, l'un et l'autre, être seigneur du clocher.

*Semelay, à la part de Gouffier, près Luzy*, aux religieux de Saint-André de Luzy.

*Sury-aux-Amognes*, paroisse de Saint-Jean-de-Lichy et Saint-Péraville. Fief, justice et château à M. Flamen.

Le fief et justice de Mont-Saint-Péraville ou des Aides-de-Ville relevait du roi, suivant le contrat d'acquisition du marquis de Remigny du 14 mai 1751.

*Sallay* (Le Sallay), paroisse de Saint-Quaize, ayant pour seigneur J.-B. Faure, acquéreur de Philibert Brisson de Sallé. Relève du roi d'après l'aveu du 20 février 1710, reçu par Sionnest, notaire à Nevers, et le dénombrement reçu par Frébault, notaire à Nevers, le 5 décembre 1727. Foi et hommage du 17 janvier 1652, du 15 octobre 1693, au roi.

*Souris*, près de Champvoux, aux Bénédictins de La Charité.

*Semelain*, commanderie, ayant pour seigneur de Chéry Montigny (1).

*Turny*, paroisse de Fléty, ayant pour seigneur Joseph-Guy de Bosredon de Vattauge ; dénombrement du 22 mai 1761 devant Thierrat père, notaire à Luzy.

*Turigny*, paroisse d'Aunay, à Marie-Pierre de Nourry, puis à Guillaume de Nourry. Relève de Château-Chinon.

*Travant*, paroisse de Druy, à Benoît-Moreau Desmarets, propriétaire du fief de Bouhy.

*Taix*, à la famille Mellon. La justice de Taix se divise en douze portions : sept au duc et cinq au roi ; le juge se fait recevoir à Nevers et à Saint-Pierre ; moitié de Taix a été aliénée du prieuré de Mazille (hommage et dénombrement du 16 janvier 1601 au bailliage de Saint-Pierre). Ordonnance du bureau des finances du 20 octobre 1687 qui déclare la terre de Taix mouvante de la tour quarrée de Saint-Pierre, et ordonne la foi et hommage au roi sans s'arrêter à celle faite par la demoiselle Andrée Montbrun au duché le 23 novembre 1683. Hommages au bureau des finances des 26 août 1729, 31 novembre 1731, 20 juillet 1731.

*Tressol*, paroisse d'Héry-Tressolles, ayant pour seigneur Barbier de La Brosse. Tressolles relève de Château-Chinon, suivant actes de foi et hommage des 17 août 1617 et 2 janvier 1618.

*Ternant*, ayant pour seigneur la duchesse de Villars. La terre, justice et seigneurie de Ternant. Démembrement du duché de Nevers du 21 juillet 1649. Ordonnance du bureau des finances du 18 février 1680 qui déclare que la mouvance appartient au roi.

(1) Ne figurent ni Sauvigny-les-Chanoines ni Saint-André-les-Luzy.

*Treigny*, près de Montenoison, à M. de Marcy.

*Turigny, près Tannay.*

*Tavenau*, paroisse de Mouron. Thavenault et Coulon. Château de la paroisse de Mouron. Haute justice relevant de Saint-Léonard de Corbigny.

*Tavenau-Chareau.* — Même paroisse de Mouron.

*Thouez*, paroisse de Champlemy. Seigneur M. de Pons.

*Varenne et Urzy*, à l'évêque de Nevers.

Les fief, justice et château de Contres, à Édouard de Berthier de Bizy, relèvent de l'évêché. Foi et hommage du 5 juillet 1593, reçu Bardot, notaire royal.

*Villemolin*, paroisse d'Anthien. Seigneur Jean-Pierre de Certaine. Relève de Lorme, suivant foi et hommage des 2 décembre 1617 et 8 janvier 1618.

*Vandenesse.* — Seigneur Marie Voisin, veuve de Louis-Thomas Dubois de Fienne-Olivier, marquis de Vandenesse. Relève du duché et de Saint-Pierre.

*Villemenant, Vrille, Gondelins*, à Babaud de La Chaussade. Vrille ou Verille relevait de l'évêché; Gondelins, de la baronnie de Frasnay-les-Chanoines; Villemenant, de Guérigny.

*Villeneuve et Villette-les-Forges*, paroisse de Chiddes, au marquis de Vitry. Villette, justice haute, moyenne et basse sur plusieurs héritages. Actes de foi et hommage des 19 avril 1771 et 31 décembre 1776. Aveu affirmé devant Bonneau, notaire à Semelay, le 5 juillet 1779 et reçu le 5 octobre 1779. Taxé au rôle des ban et arrière-ban du 6 septembre 1674 au nombre des fiefs relevant du roi.

*Vesigneux*, ayant pour seigneur Bourbon, comte de Busset.

*Vauban*, réuni à Bazoches; seigneur Augran d'Alleray.

*Vaujoly*, ayant pour seigneur Benoît de Maulnoury.

*Vielmanay*, dépendant de l'abbaye de Bourras, ayant pour seigneur Nicolas Olivier, prieur de Cessy-les-Bois.

*Villiers-sur-Yonne*, à la part de Vézelay.

*Villaine, près Tannay*, à la veuve de Morin avocat à Nevers.

*Ville-les-Anlezy*, au comte d'Anlezy.

*Villacot*, paroisse de Sermage, aux Ursulines de Moulins-Engilbert. Longue contestation pour la mouvance entre le roi, les princesses de Carignan et le duc. Les fiefs de Chaume et de Villacot relèvent de Château-Chinon, suivant les actes de foi et hommage des 24 et 26 août 1617 et 22 juillet 1618.

Nous croyons utile de donner ici les noms des juges des justices les plus importantes et qui étaient appelés à administrer le pays lors des événements de 1789.

L'audience des dernières assises le 17 juin 1789 fut tenue par Gabriel-Jean Meure, conseiller du roi, lieutenant particulier au bailliage et juge au présidial; Etienne-Marie Dubosc-Durozeau, lieutenant criminel, et Jean-François Gourjon, conseillers. Rousset était premier avocat du roi, Jourdier était procureur du roi et Maillot deuxième avocat. On voit comparaître le prévôt royal de Sancoins, Jacques Ruby Debergerenne, Jean-Alban Lefiot de Lavault, bailli du prieuré de Saint-Pierre, etc.; Claude-Louis Millet, bailli de Beaumont; Michel de Champrobert, bailli de Magny; de Vasselange, bailli de Mauboux; Legoube, juge de Prémery; Claude Flamen d'Assigny, juge de Parzy, etc.; Benard, bailli du marquisat de Lévy; François Méchin, juge de La Charité, etc.; Charles Delagogué, juge de Léré; François Massé, bailli du Chautay, etc.; Marion de Commery, juge de Lormes-Châlons; Germain Guillemain de Talon, bailli de Lormes-Château-Chinon; Lazare-Désiré Richou, bailli du comté de Château-Chinon, Ouroux, etc.; Jean-Alban Heulhard, bailli de Coulon, etc.; Edouard Berthrand, juge de Larochemillay; Couraud, juge de Champlévrier, etc.; Claude Bouet, juge de Montat, etc.; Hugues Grenot, juge de Taix et Coueron; Henry Breu, juge de la Môle, etc.; François Hérault, juge de Guipy, etc.; Jean Goyard, juge de Dompierre-sur-Bèbre; François-Etienne Berger de Saint-Quentin, juge de Narcy; Lévêque, bailli de Trois-Vesvres; Pougault, juge de Maupertuis; Claude Coquille, bailli de Lichy; Sautereau, juge du Feuilloux; Guillerault de Villeron, bailli de Pouilly; François Faulché, juge de Sainte-Montaine; Jacques-Jérôme Marguerite, bailli de Saint-Martin-du-Puits, etc.; Caillery, bailli de Semelay; Renard, bailli de Saint-André, etc.; Gabriel Belard, juge d'Aubigny-le-Petit, etc.; Guillaume Decray, bailli de Mont-de-Dienne, etc.; Charles Merland, juge d'Ougny; Etienne Morin, juge de Druy; Delavault, juge de Montsauche, etc.; François-Louis Javelot, juge de Ruère; Fournier de Voyenne, juge de Turigny, près Tannay; Paul Ragon, bailli de Chors; Joseph Bujon, châtelain de Cluzor; Gilbert Chevallier, bailli de la Chapelaude.

Telle était au point de vue territorial cette justice de Saint-Pierre qui allait disparaître en 1790 (1).

Dans la pièce intitulée: Réclamation du bailliage provincial du duché-pairie du Nivernais, les officiers du bailliage provincial du Nivernais, après avoir énoncé que le ressort de leur bailliage s'étend sur 400 paroisses, sur 1,004 justices, sur une population de plus de 300,000 âmes, ajoutent: « Nous ne connaissons point le dénombrement des paroisses ni des fiefs que le bailliage de Saint-Pierre a dans son ressort. Ses assises, *grossies d'un grand nombre de justices qui sont inscrites sur les nôtres*, ne pourraient donner de connaissance exacte. Mais pour établir la diffé-

---

(1) A l'appui de ce que nous avons avancé sur la date réelle de la création du bailliage de Saint-Pierre, nous appelons l'attention sur le passage suivant du *Recueil des historiens des Gaules et de la France* :

Tome XXI, page 272. Comptes de baillis. Dans celui du bailliage de Bourges. Doit : « *De Sancto Petro monasterii pro ultima medictate. C. li.* »

Pour l'année 1248.

Tome XXII, page 575. Comptes des baillis en 1234 : « *Petrus de Roceyo, ballivus Bituricensis debet..... de monasterio pro prima medictate. C. l.* » Une note énonce qu'il s'agit de Saint-Pierre-le-Moûtier.

rence énorme qui se trouve dans les deux ressorts, il suffit que l'on convienne généralement que celui de Saint-Pierre ne contient pas 40,000 âmes. »

Le duc de Nivernais, à propos de cette assertion, écrivit : « ... Quand même le calcul serait un peu exagéré en faveur de mon bailliage (comme cela est possible), on doit toujours le regarder comme supérieur à celui de Saint-Pierre-le-Moûtier. » (Labot, p. 218.)

Il est certain qu'aujourd'hui la nomenclature exacte des justices relevant « du roi à cause de la tour quarrée et boulevard de Saint-Pierre-le-Moustier » est moins facile qu'en 1789. On nous pardonnera les inexactitudes de notre étude. Ne constatait-on pas sans cesse alors que certains seigneurs, comme celui de Montigny-sur-Canne, entre autres, déclaraient ne pas être parvenus à connaître les fiefs indiqués dans leurs titres ?

La liste donnée plus haut d'après les assises est incomplète et sans doute inexacte sur divers points : les greffes des tribunaux du département ne nous ont fourni aucuns documents. Cependant, nous avons trouvé *l'inventaire des papiers du greffe du bailliage de Château-Chinon*, qui constate le dépôt des pièces de justice : du bailliage de Château-Chinon, du bailliage d'Ouroux, de l'élection, du grenier à sel, de la justice de la Tournelle, Lancray, Maison-Comte, Fâchin, Aron, Aringette, Poisson, etc. ; — Saint-Léger, Villars, le Bouis, Bouteloing, Traclin, Monsey, de Tilleux, les Anglois, Vermenoux et Champmartin ; — Bruit, Vaux et Chaumard ; — Sainte-Péreuse, Besne et Grandrie ; — Gien-sur-Cure, Tars, Quincize, Champdiou, Ougny, Rigny, Spouse, Aunay ; — Saint-Brisson, Goulou, Palmaroux, Natalou, Fétigni, la Sarée, Aligny, Bonnard, la Terre-Aumaire, Montsauche, Dun-les-Places, Argoulais, Mont et Montat.

Nous avons indiqué en note certaines justices omises à la liste des justices relevant de Saint-Pierre : Busseau, paroisse de Moussy ; Chevannes-sous-Montaron, etc. Ajoutons la justice des religieux de *Saint-Léonard de Corbigny* et celles qu'ils avaient à *Sardy*, à *Pazy*, etc.; — la justice de *Thonin*, terre, justice et seigneurie de Thonin, paroisse de Montigny-sur-Canne, à Guillaume Desprez, demeurant à Saint-Pierre, reçu Jaubert, notaire à Rouy, du 12 août 1729; — *la châtellenie royale de Riousse*, ayant pour seigneur le prince de Condé, seigneur engagiste; — *Parigny-sur-Sardolles*. (Les deux tiers de la terre et justice, fief de Grandchamp et Menaton relèvent du roi. Dénombrement du 22 février 1677; foi et hommage des 9 mars 1701, 15 juin 1726, 4 novembre 1729. L'autre tiers appartient à l'abbesse de Notre-Dame; — Menaton, arrière-fief de Druy; — *Langy*, à la part du roi (Parts de redevances aliénés des prieurés de Fontaine, Coulonge et Langy en 1663 et 1564); — *Reugny*, au comte d'Anlezy, justice et seigneurie; — *les Granges*, avec Laliat et Meurignat, paroisse d'Ecurolles (Auvergne), à Marie de Ralène, seigneur de Lionne.

### TERRITOIRE SOUMIS A LA COUTUME DU NIVERNAIS.

Si, pour savoir de quelle juridiction relève telle ou telle justice de la province, l'embarras est grand; il n'est pas moins grand en ce qui touche la reconnaissance du territoire soumis à la coutume du Nivernais. Là encore, sur bien des points, aucune délimitation géographique précise n'est possible; on verra par la carte que nous avons dressée que telle justice enclavée dans la province est soumise à une autre coutume.

Dans tous les cas. voici l'historique de l'établissement de la coutume du Nivernais, avec des indications de nature à fixer d'une façon générale les limites du territoire soumis à cette coutume :

Le 8 avril 1453, Charles VII fit publier un édit ordonnant la rédaction des coutumes de France. En raison de cet édit, Charles de Bourgogne, comte de Nevers, assembla les

Etats pour procéder à la rédaction de la coutume du Nivernais à Moulins-Engilbert, en mai 1464. Sa mort, survenue le même mois, empêcha cette rédaction. Jean de Bourgogne, son frère, lui ayant succédé, convoqua les Etats à Nevers, où ils se rassemblèrent les 7, 8, 9 juin 1490. Ces Etats commirent : 1º Jean de La Rivière, chevalier, seigneur de Champlemy, conseiller et premier chambellan du comte de Nevers ; 2º Regnault Le Breton, licencié en lois, conseiller et maître des comptes du comté de Nevers ; 3º Pierre Regnier, grand archidiacre en l'église Saint-Cyr de Nevers ; 4º Jean Roland, archidiacre de Decize en la même église ; 5º Jean Victureault, licencié en droit, chanoine de Nevers ; 6º Jean de Ferriey, chevalier, seigneur de Champlemy ; 7º Antoine de Follet, seigneur dudit lieu, de Bazoches et du Bouchet ; 8º Philippe de Veaulce, chevalier, seigneur de Villemenant ; 9º Jean du Pontot, seigneur de Poussery ; 10º Claude de Pavie, licencié en lois ; 11º et 12º Jacques Bolacre et Jean de Lucenay, échevins de Nevers ; 13º Guillaume Le Miche, licencié en lois ; 14º Guillaume Gallope l'aîné ; 15º Hugues de Colons.

Ces commissaires ont vaqué à cette rédaction de la coutume du 22 juin au 10 juillet 1490. Cette coutume a été ratifiée et certifiée comme ancienne le 28 juin 1494. Neuf articles n'ont pas été arrêtés, par suite de divergences d'opinions, savoir : sept sur les cens et censives, un sur les bordelages, un sur les servitudes personnelles.

La coutume locale du val de Lurcy est énoncée. Il n'est pas fait exception en ce qui concerne les forclusions dans les successions.

Ces coutumes furent imprimées en 1503 et en 1518.

Louis XII, le 28 août 1514, fit un mandement pour arriver à la rédaction des coutumes de Saint-Pierre-le-Moûtier. Ces coutumes furent rédigées dans la grande salle du prieuré de cette ville les 11, 12, 13 avril 1515, sous la présidence du lieutenant-général Guillaume Bourgoing. Dès-lors, en présence de la complication résultant de ces diverses coutumes dont les gens de loi se disputaient l'application pour la même région, il fallait arriver à une sorte d'unité.

La même année, 28 novembre 1514, Louis XII faisait un autre mandement pour la rédaction des coutumes du Nivernais, mais on ne paraît pas y avoir obtempéré.

Le 30 août 1534, François I<sup>er</sup> envoyait des lettres pour la rédaction des coutumes du Nivernais, sur la demande de Marie d'Albret.

L'assemblée eut lieu, pour la rédaction de ces coutumes, sous la présidence de Louis Rouillard et de Guillaume Bourgoing, conseillers du roi en sa cour du Parlement de Paris, au réfectoire des Cordeliers de Nevers, les 16, 17, 18, 20, 21, 23, 24 novembre 1534. Elles furent enregistrées au Parlement le 21 juillet 1535.

Les anciennes coutumes du Nivernais avaient 254 articles. Les nouvelles en avaient 604.

La coutume locale du val de Lurcy comprenait les paroisses de Lurcy-le-Bourg, Lurcy-le-Châtel, Nolay, Pruneveaux, Saint-Benin-des-Bois, Giverdy, Saint-Martin-de-la-Bretonnière, Sainte-Marie-de-Flageolle, Saint-Franchy-en-Archères (1).

---

(1) Nous appelons ici l'attention sur un document qui n'a pas encore été cité par les auteurs :

Il existe à la bibliothèque de Clermont-Ferrand un livre intitulé : Coutumes du pays et comté de Nivernais, enclaves, exemptions d'iceluy accordées, lues, publiées, émologuées en présence de gens officiers de Mme la comtesse de Nevers, de Dreux et des trois Etats d'iceluy pays, par nos seigneurs maîtres Loys Roillard et Guillaume Bourgoing, conseillers du roi, notre sire en cour de Parlement à Paris, et commissaires d'iceluy en cette partie, et depuis reçues en celle cour.

Il fut achevé d'imprimer le dernier jour du mois d'août 1535 par Nicolas Hieman, imprimeur pour honnête personne Jehan Le Noir, marchand libraire, demeurant à La Charité, près la halle, à l'enseigne Saint-Jacques, où il se vend, et à Nevers, à l'enseigne Saint-Roc, rue de la Saveterie.

Pour délimiter le territoire incontestablement soumis aux coutumes du Nivernais, nous proposons donc de tirer une ligne partant de Mêves et se dirigeant en ligne droite jusqu'au Beuvron, un peu au-dessous de Brinon-les-Allemands, et suivant le cours du Beuvron dans la direction de Châtel-Censoir, en comprenant cependant à gauche du Beuvron Changy et Breugnon ; nous proposons ensuite de tirer une ligne partant de la rive droite du Beuvron, au-dessous de Clamecy, pour se diriger presqu'en ligne droite jusqu'à Saint-André-en-Morvand.

Mais remarquons que si toute la partie nord-est de la province est généralement soumise à la coutume d'Auxerre, Arquian, Saint-Amand-en-Puisaye, Roche, près Cosne, Tracy, Saint-Laurent, Mêves semblent soumis à la coutume de Lorris ;

Que, d'autre part, La Charité, Raveau, Dompierre-sur-Nièvre, Narcy, Murlin sont soumis à la coutume de Lorris ;

Qu'enfin, sur la limite du Morvand, du côté de la Bourgogne, ainsi que Saint-Agnan, qui n'était pas de la province, mais fait aujourd'hui partie du département, Alligny, Moux, Glux-en-Glanne, Millay en partie sont soumis à la coutume de Bourgogne.

Remarquons, en outre, que ces dernières justices ne sont pas portées dans le ressort de Saint-Pierre et relevaient d'Avallon et d'Autun, c'est-à-dire du Parlement de Dijon (1).

DUMINY et P. MEUNIER.

(1) Voici comment Klimrath désigne le territoire soumis à la coutume du Nivernais :

« A l'opposite de l'Anjou et du Maine, l'Orléanais touche à l'est, par le bailliage de Montargis, à celui d'Auxerre et au Nivernais. Les coutumes du comté et bailliage d'Auxerre ne s'étendent pas seulement sur la ville d'Auxerre et tout l'Auxerrois touchant à la Bourgogne, au bailliage de Sens et au comté de Joigny, mais encore sur Vézelay, Donzy, Cosne-sur-Loire, Saint-Amand, Saint-Sauveur et plusieurs

5

autres villes et villages des pays de Donziais et de Puisaye. Les coutumes locales de la châtellenie de Varzy et quelques autres divergences admises dans la première rédaction de la coutume ont disparu dans la nouvelle. Les coutumes du Nivernais régissent un territoire assez considérable situé au sud du Donziais, entre la Bourgogne et la Loire, qui le sépare de la partie du Berry soumise aux coutumes de Lorris. Plus au midi, ce territoire s'étend aussi sur la rive gauche de la Loire, jusqu'aux limites du Berry et du Bourbonnais. Les principales parties dont il se compose sont le pays et comté de Nivernais, avec les villes de Nevers et de Clamecy, la seigneurie de Château-Chinon et le bailliage royal de Saint-Pierre-le-Moûtier. »

# BAILLIAGE PROVINCIAL, DUCHÉ-PAIRIE

## DU NIVERNAIS.

### ÉTAT DE CETTE JURIDICTION EN 1789.

NOTE PRÉLIMINAIRE.

Pour donner une idée complète de l'organisation de la justice dans la province du Nivernais, il faut rechercher ce que fut le bailliage ducal existant à côté du bailliage royal de Saint-Pierre.

D'une façon générale, on enseigne qu'un bailliage royal fut une unité territoriale importante à deux points de vue : politique (élection des députés aux Etats-Généraux), judiciaire. Mais il ne constitue pas une unité territoriale absolue, puisque, s'il contient en lui-même des prévôtés, des châtellenies et autres siéges particuliers relevant de lui, il peut contenir aussi des siéges particuliers de bailliage possédant un ressort distinct de celui du siége principal et ressortissant, au point de vue de l'appel, non à ce siége, mais au Parlement.

*(Au mot Bailliage, dans la Grande Encyclopédie.)*

C'est le cas du bailliage royal de Saint-Pierre, comprenant toute la province pour les cas royaux, alors que le bailliage particulier du duché avait comme un ressort distinct ressortissant, au point de vue des appels, directement au Parlement de Paris.

Comme toute la politique des rois consista à faire sentir

aux feudataires leur pouvoir absolu , à intervenir dans les cas les plus nombreux entre les vassaux et les seigneurs, l'un de ces bailliages semblait être appelé à absorber l'autre.

En effet, par l'établissement des *cas royaux*, le roi se réservait le jugement des causes qu'il lui importait le plus de juger, et, en évitant de spécifier ces cas, il s'était réservé de pouvoir évoquer au besoin presque toutes les affaires importantes devant sa justice.

D'autre part, les rois avaient le plus possible favorisé les appels, dans le but d'annuler la justice seigneuriale. Maintenant énergiquement la règle qu'une affaire ne pouvait être soumise à plus de trois degrés de juridiction, ils tinrent la main à ce que dans toute affaire on pût recourir en appel à ses juges : en supprimant la faculté d'en appeler plus d'une fois d'une justice seigneuriale à une autre justice seigneuriale plus élevée, ils multiplièrent les appels, *définitivement soumis* à leur justice royale, mais restreignaient en même temps la puissance judiciaire des seigneurs. Ils s'emparaient ainsi habilement du principe établi par les jurisconsultes, à savoir qu'il ne pouvait y avoir plus de trois degrés de juridiction.

Si tous les efforts des seigneurs hauts-justiciers tendaient à combattre cet autre principe, établi par les légistes, que *fief et justice n'ont rien de commun*, les légistes, de leur côté, ne cessèrent d'enseigner que la justice n'était pas partie intégrante du patrimoine des seigneurs, de telle façon que, d'après leur doctrine, toute juridiction seigneuriale devait être considérée comme un pouvoir usurpé ou comme un avantage accordé par le roi et un démembrement de la souveraineté royale.

C'est ainsi que s'opérèrent les démembrements successifs des juridictions anciennes. Dans l'application des ordonnances royales, toutes restrictives des pouvoirs seigneuriaux, les baillis royaux furent les agents énergiques des rois, qui purent compter absolument sur leur zèle pour arracher aux justices seigneuriales toutes les causes possibles.

Cette extension de la puissance des bailliages avait nécessité la création des siéges présidiaux. Les parlements étaient
encombrés d'appels : on obvia à cet inconvénient en donnant
mission aux présidiaux de juger en dernier ressort au criminel toutes affaires et au civil les affaires engageant des
intérêts de 250 livres en capital ou 10 livres de rentes. Ces
présidiaux devaient être composés de conseillers, d'un avocat
et d'un procureur du roi, qui étaient souvent les mêmes que
les magistrats du bailliage; les lieutenants généraux et particuliers du bailli y siégeant comme conseillers. Mais cette
création de siéges présidiaux fut restreinte aux siéges principaux de bailliage. Il y avait donc, sans parler des petits
bailliages ressortissant à un bailliage supérieur, comme celui
de Château-Chinon, des siéges de bailliages avec présidiaux
et des siéges sans présidiaux.

On comprend qu'à partir de cette époque la compétence
des bailliages fut restreinte; les causes nées de cas de droit
commun leur échappèrent pour ainsi dire toutes; ils conservèrent les matières féodales, les matières bénéficiales, les
procès des nobles, des églises ayant des lettres de garde
gardienne.

. A la veille de la Révolution, en 1788, une ordonnance
divisa les bailliages et présidiaux en deux classes; les uns
devaient juger en dernier ressort au civil jusqu'à concurrence de 4,000 livres, et en première instance au criminel ;
ceux-ci durent s'appeler *présidiaux* ; les autres durent
prendre le nom de *grands bailliages* ; chacun de ces tribunaux dut être divisé en deux chambres : l'une, appelée
seconde chambre, faisant l'office d'un présidial pour le
ressort qui avait jusque-là appartenu au siége transformé en
grand bailliage ; l'autre, appelée première chambre, recevant
les appels des jugements des présidiaux et de la seconde
chambre et jugeant en dernier ressort au criminel en tous
procès (sauf contre les ecclésiastiques, gentilshommes et
autres privilégiés, qui conservaient le droit d'être jugés en
dernier ressort par la cour en matière criminelle), et au civil

pour les intérêts ne dépassant pas 20,000 livres. Les parties avaient le droit, au civil, de négliger toute juridiction seigneuriale ou royale inférieure et de se présenter directement devant le présidial. Au criminel, les juges seigneuriaux n'étaient plus que des officiers de police; ils constataient les délits, opéraient les arrestations et commençaient seulement les instructions, dont ils envoyaient les dossiers au présidial.

D'après cette organisation, les bailliages, sous le nom de présidiaux et de grands bailliages, devenaient pour presque tous les procès les seuls tribunaux du pays.

Telles sont les lignes générales des transformations successives apportées par le pouvoir royal dans l'organisation judiciaire de la France.

En ce qui concerne le Nivernais, le cas spécial du bailliage ducal de Nevers donne sur plusieurs points un démenti aux principes que nous avons posés.

Nous allons dire succinctement ce que fut historiquement ce bailliage et comment, en 1789, il était parvenu à conserver l'élection des députés aux Etats-Généraux, le pouvoir politique des bailliages royaux, et à constituer une unité judiciaire territoriale qui, par une faveur spéciale, semble alors une exception au milieu des institutions féodales anéanties.

## IMPORTANCE DU BAILLIAGE DUCAL DE NEVERS.

Le duché de Nivernais se composait de châtellenies et de baronnies, dont nous ferons l'énumération dans la nomenclature des justices telle que nous la donnent les procès-verbaux des assises de la fin du dix-huitième siècle.

Mais, de même que la suzeraineté du duc s'étendait sur certains territoires en dehors du duché du Nivernais, de même des seigneurs, auxquels le duc devait foi et hommage, étaient seigneurs de certaines terres en Nivernais.

Nous avons vu quel était le domaine royal; nous avons signalé plusieurs enclaves : le domaine du Bourbonnais s'étendait sur les seigneuries de Langeron, Fleury-sur-Loire, Imphy ; Sermoise relevait du comté de Sagonne-en-Berry.

D'autre part, la situation du duc, en ce qui concerne le Donziais, était particulière, puisqu'il devait dénombrement des baronnie et châtellenie de Donzy à l'évêque d'Auxerre, de la baronnie et châtellenie de Saint-Verain au même évêque (1).

De la sorte, ni le duché de Nivernais ni la province de Nivernais ne constituaient un territoire continu comme un département actuel, mais un assemblage de territoires constituant les ressorts démesurément inégaux, facultativement déterminés de diverses châtellenies (2) ; le duc était propriétaire de la châtellenie établie au chef-lieu et de la justice de la châtellenie ; on disait des fiefs situés dans le territoire d'une châtellenie qu'ils relevaient du duché à *cause de cette châtellenie,* alors que le roi, *à cause de sa tour quarrée et boulevard de Saint-Pierre,* ou tel seigneur étranger pouvait être suzerain de fiefs enclavés.

Le duc rendait foi et hommage pour son duché au roi. (Ville et duché de Nevers. — Duché de Nevers appartenant

(1) Le 7 septembre 1770 a été contrôlé un aveu et dénombrement de la baronnie et châtellenie de Saint-Verain-des-Bois, haute, moyenne et basse justice, par le duc de Nevers, à messire Jean-Baptiste-Marie Champion de Cicé, évêque d'Auxerre, passé devant Archambault, notaire à Nevers, le 29 aoust 1770.

Le 7 septembre 1770 a été contrôlé un aveu et dénombrement de la baronnie et châtellenie de Donzy, haute, moyenne et basse justice, fourni par M. le duc de Nevers à messire Champion de Cicé, évêque d'Auxerre, passé devant Archambault, notaire à Nevers, le 29 aoust 1770.

(2) On donna, en premier lieu, le nom de châtelain au gouverneur établi par un duc ou par un comte dans le château d'une ville ou d'un bourg, tant pour y rendre la justice que pour y tenir les vassaux dans l'obéissance. Ces siéges de châtellenies s'appelèrent *châtellenies.* En 1789, les noms de châtelain et de châtellenie étaient équivoques : châtellenie signifiait *juridiction* ou *seigneurie,* et le châtelain était ou le seigneur possédant une *châtellenie,* ou l'officier qui y exerçait un premier degré de juridiction.

au duc, qui a rendu foi et hommage à la Chambre des comptes de Paris, le 5 juin 1692.)

Louis de Flandre, comte de Nevers, avait créé, en 1308, un bailliage à Nevers pour son comté. Ce comté fut érigé en pairie par Louis XII en 1505, en faveur d'Engilbert de Clèves ; il le fut encore en 1521 par François I<sup>er</sup>, en faveur de Marie d'Albret ; enfin, par ce même roi, en 1538, en faveur de François de Clèves, petit-fils d'Engilbert. Le résultat de cette érection, au point de vue de l'administration de la justice, était que les appels de la justice du duché-pairie ressortissaient directement du Parlement. La justice s'y rendait au nom du bailli du Nivernais, qui avait un lieutenant-général à Nevers et des lieutenants particuliers dans les châtellenies de la province. Le lieutenant-général connaissait des grandes causes en première instance et de celles des gentilshommes. Il connaissait par appel de celles de la prévôté et de celles des lieutenants particuliers établis en chaque châtellenie, et des juges inférieurs des seigneurs. Enfin, il y avait les auditeurs de pairie, qui connaissaient des causes d'appel tant du lieutenant-général de Nevers que de toutes les autres châtellenies.

On voit quelle complication présentait cet ordre de choses dans la province.

Prenons pour exemple le cas de la justice exercée à Clamecy sous ce régime, et qu'explique Née de La Rochelle : « Il y avait à Clamecy deux degrés de juridiction : la prévôté, dont le juge ou garde connaissait en première instance de tous les habitants qui demeuraient dans son étendue, et la châtellenie, où se relevaient les appels des sentences du prévôt et des juges des autres paroisses circonvoisines qui composaient son ressort. » Dans ces paroisses, qui appartenaient à divers seigneurs n'y possédant que la moyenne et basse justice et ayant des juges particuliers, les appels se relevaient à la châtellenie.

Mais, à l'occasion de l'édit de Charles IX de novembre 1563, qui ordonnait la suppression de tous ces degrés de juri-

diction, il ne fut fait de toutes les juridictions de Nevers
qu'un seul bailliage et pairie pour connaître tant des
causes de la ville et banlieue en première instance, des
causes des gentilshommes et autres privilégiés de tout le
duché, que des causes d'appel de toutes les châtellenies où il
fut établi pour lors des juges ordinaires.

C'est alors qu'à Clamecy, ville que nous avons prise pour
exemple parmi les villes subalternes de la province, il n'y eut
plus dès-lors qu'un seul degré de juridiction. La prévôté fut
supprimée et unie à la châtellenie ; l'officier de cette châtellenie connut en première instance de tous les procès qui se
portaient auparavant devant le prévôt et qui s'élevaient dans
les paroisses appartenant au duc et composant sa châtellenie.
Les causes des autres paroisses ou villages appartenant à
divers seigneurs ayant la haute justice conservèrent leurs
juges, dont les appels ressortirent du bailliage de Nevers.
Il n'y eut plus, en un mot, que trois degrés de juridiction
pour la province : 1° la justice seigneuriale, 2° le bailliage,
3° le Parlement (1).

Nous avons dit, en parlant de la justice de Saint-Pierre,
que des conflits fréquents s'élevaient entre les deux justices :
les questions de compétence étaient sans cesse soulevées ; des
arrêts de réglement devaient intervenir. Citons « l'arrêt de la

(1) Le chiffre de trois degrés de juridiction pouvait s'élever plus
haut dans les endroits où les justices seigneuriales étaient divisées en
trois degrés : si l'on n'appelait point, en effet, de la basse justice à la
moyenne, on appelait soit de la basse, soit de la moyenne, à la haute
justice, ce qui donnait deux degrés. (*Leçons de procédure civile*, par
Boitard, introduction.)

« La *haute justice*, dit Denizard, est celle d'un seigneur qui a pouvoir de faire condamner à une peine capitale et de juger de toutes
causes civiles et criminelles, excepté des cas royaux.

» La *moyenne justice* a droit de juger des questions de tutelle et
injures, dont l'amende ne peut excéder 60 sols.

» La *basse justice* connaît des droits dus au seigneur, du dégât des
bêtes et injures, dont l'amende ne peut excéder 7 sols 6 deniers, et on
l'appelle autrement justice foncière. »

cour de Parlement portant réglement entre lès officiers du duché et pairie de Nivernais et les officiers royaux du présidial de Saint-Pierre-le-Moûtier, 7 septembre 1624 ; un autre arrêt du 27 mars 1630; un autre arrêt du 23 décembre 1712, qui fait défense aux juges du duché-pairie de Nevers de connaître des appels interjetés en matière criminelle, rappelé dans les arrêts de réglement de Louis-François de Jouy (1752).

Mais quelle que fût la protection accordée par le pouvoir royal à la justice de Saint-Pierre, le bailliage ducal, d'une étendue considérable, n'en conserva pas moins une importance telle qu'un rôle exceptionnel lui était réservé lors des élections aux Etats-Généraux. D'ailleurs, les anciens comtes de Nevers n'avaient-ils pas tous les droits de la souveraineté? N'usaient-ils pas, dans leurs lettres-patentes, de la formule : Car tel est notre bon plaisir? Dans les anciens missels, la prière pour le comte suit immédiatement celle pour le roi.

Il faut dire qu'au point de vue de l'intérêt des justiciables, la coexistence de ces deux bailliages en Nivernais était fâcheuse. On le vit bien lorsque les électeurs, assemblés à Saint-Pierre et à Nevers, durent comparaître : pour la plupart, rien n'indiquait où ils devaient se rendre de préférence. Beaucoup se firent eux-mêmes juges de leur choix, d'autres ne comparurent pas du tout ou se désintéressèrent de leur mission après protestation.

En effet, c'est une étude difficile à faire dans ses détails que celle du fonctionnement des deux juridictions qui agissaient et marchaient ensemble en Nivernais, et le manque de netteté dans les attributions de chaque justice égalait l'obscurité régnant dans les questions de mouvance.

On put croire un instant qu'il serait porté remède à cet état de choses, quand les magistrats de Saint-Pierre, ennuyés d'y séjourner, firent des démarches auprès du roi pour que le bailliage royal fût établi dans cette ville. Moyennant une indemnité qu'il n'eût pas été désagréable au duc de recevoir, un seul bailliage eût dès-lors existé pour tout le Nivernais. M. de Saintemarie raconte comment ce projet échoua.

Voici ce que dit à ce propos, dans un rapport conservé à la bibliothèque nationale, l'intendant de la généralité de Moulins : « Ils ne purent réussir dans les deux premières tentatives, et on aurait cru que c'était faute d'avoir le consentement du duc : l'année dernière, 1697, ils auraient obtenu le transport de leur bailliage à Nevers moyennant 40,000 fr. de gratification. Mais le roi n'a pas jugé à propos de toucher à un si ancien établissement, soit par une espèce de respect pour l'antiquité ou par commisération des habitants, qui auraient été absolument ruinés. »

Dès-lors, jusqu'en 1789 fonctionnèrent dans la province cumulativement les deux bailliages, dans une lutte continuelle, à propos de leurs attributions réciproques et de débats soulevés au sujet de la compétence.

## LUTTE ENTRE LE BAILLIAGE ROYAL ET LE BAILLIAGE DUCAL EN 1789.

Le dernier épisode de cette lutte entre les deux bailliages eut lieu à propos de la convocation des assemblées électorales du Nivernais dans le but d'élire les députés de la province aux Etats-Généraux en 1789.

Le roi avait fait bon marché de son bailliage royal de Saint-Pierre. En effet, l'état de répartition des députés à élire annexé au réglement général sur les élections du 24 janvier 1789 figurait le bailliage ducal de Nevers, au nombre de ceux auxquels était attribué le droit de convoquer les électeurs. Le bailliage de Nevers devait désigner deux députations aux Etats-Généraux ; chaque députation composée de quatre députés : un du clergé, un de la noblesse et deux du tiers-Etat. Le bailliage royal de Saint-Pierre obtenait une seule députation.

L'ordonnance du bailli d'épée du bailliage royal de Saint-Pierre contenait la mention qu'acte avait été donné au procureur du roi de ses protestations pour la conservation des droits du roi et de ceux du siége de Saint-Pierre, comme *seul bailliage royal du Nivernais*, contre la mention faite par erreur *d'un bailliage de Nivernais et Donziais* dans l'état alphabétique des bailliages *royaux* et des sénéchaussées *royales* étant à la suite du réglement du 24 janvier, et contre l'envoi qui, par suite de cette erreur, avait pu être fait des lettres du roi et du réglement aux officiers de la justice ducale et seigneuriale de Nevers.

Pendant que le bailli d'épée de Saint-Pierre faisait, en vertu de son ordonnance, donner des assignations à tous les électeurs de son ressort pour les cas royaux, le bailli d'épée du bailliage de Nevers convoquait de son côté tous les électeurs du bailliage ducal (1).

De là cette lutte entre les deux bailliages dont M. Labot nous raconte les péripéties.

En fait, des discussions savantes eurent lieu à ce sujet, et il est certain que les réclamations du bailliage royal de Saint-Pierre étaient fondées ; aussi, l'on peut être surpris à bon droit en lisant la cassation de l'ordonnance du bailli de Saint-Pierre du 2 mars 1789.

Evidemment, le Conseil d'Etat ne se préoccupa pas de ces anciens motifs, qui avaient rendu les rois si jaloux de leurs prérogatives.

Depuis longtemps le roi n'était plus inquiet d'empiéte-ments féodaux comme ceux que le duc de Nivernais était accusé de commettre. Il est certain qu'on se rendit *en fait* aux arguments de l'abbé Viodé, curé de Sauvigny, dont M. Labot signale l'intervention dans le débat.

Celui-ci déclarait, en effet, que les électeurs « n'étaient nullement d'avis de s'assembler dans une ville, dans un trou, une bicoque, un vrai village (Saint-Pierre), où la

(1) On avait annexé au bailliage principal de Saint-Pierre le bail-liage secondaire de Cusset. D'autre part, beaucoup de paroisses du Nivernais ressortissant à d'autres bailliages : Moulins, Auxerre, furent appelés à voter par leurs bailliages et avec ceux-ci.

cherté des denrées, la disette des vivres, l'insalubrité de l'air, le petit nombre d'hôtelleries et d'auberges, absolument insuffisants pour contenir la plus petite partie des députés ; « et qu'il fallait ajouter au susdit motif la rapacité des habitants qui, comme autant de vautours ou d'oiseaux de proie formés par les leçons de l'inhiante et insatiable chicane et cherchant continuellement à sucer la moëlle et le sang de leurs semblables, rendent le séjour de Saint-Pierre non-seulement désagréable, mais même impraticable aux étrangers. »

En définitive, c'était une bien mince querelle que celle de ces deux bailliages. Du moins, nous la jugeons telle aujourd'hui, en constatant que les deux bailliages, tant peu solides était leur situation réelle et aussi malade l'un que l'autre, n'avaient plus alors que quelques jours à subsister. Mais nous devons reconnaître que Guyot Sainte-Hélène, qui ne prévoyait pas une révolution radicale imminente, était dans le vrai comme juriste, comme historien, et qu'il se maintenait dans les traditions de la centralisation royale et du libéralisme à l'usage alors des classes éclairées, lorsqu'il protestait contre l'amoindrissement du bailliage royal dans son pamphlet *Patatras*.

Il énumère et réfute les motifs invoqués par le duc de Nevers : 1° « La justice de Monseigneur, d'après les prétentions de celui-ci, en 1789, tout juste la même chose qu'était en 990 celle de Mgr Landry, dont il est le successeur, parce qu'il a eu le moyen d'en acheter la succession. C'est queussi queumi. Or, la justice de Saint-Pierre ne convoquait pas les justiciés de Mgr Landry ; donc, elle ne doit pas aujourd'hui convoquer les justiciés de Monseigneur.

» 2° Ensuite, la possession fait droit. Tout le monde sait cela, tout le monde en convient. Or, nos seigneurs, comtes et ducs de Nevers, depuis 1467 jusqu'à présent inclusivement, ont possession de convoquer leurs justiciés ; donc, Monseigneur a droit de les convoquer.

» 3° Enfin, il n'y a pas de baudet qui ne sache qu'en fait de convocation pour les Etats-Généraux, le roi est le maître, et que les cours de justice n'ont la compétence à cet égard qu'autant que Sa Majesté la leur attribue. Or, le roi a donné cette compétence au bailliage de Nevers à l'égard de ses justiciés par l'arrêt du 2 mars; donc, ce bailliage a pu convoquer, et le bailliage de Saint-Pierre n'a pas le mot à dire.

» D'abord, si Monseigneur est aux droits de Mgr Landry, tant mieux pour lui; leur justice, qu'on prétend être la même, ne fait ni chaud ni froid à notre affaire, puisqu'il n'y a ni débat ni contention sur cette justice, qu'il s'agit de convocation des justiciés et de savoir si le roi doit seul convoquer les justiciés du duché, ou si le duc peut les convoquer au préjudice du roi.

» 4° Si nos seigneurs les comtes et ducs ont convoqué, j'en suis fâché, car tant pis pour le bon sens, tant pis pour la justice, tant pis pour le royaume, tant pis pour les rois d'alors, tant pis pour nos pauvres pères, qui ont été les victimes de ces convocations, et tant pis pour tout !

» En fin finale, si, comme il est vrai, le roi peut commettre qui bon lui semble pour convoquer, c'est une autre paire de manches ; mais cette paire de manches ne prouve encore rien pour le bailliage seigneurial de Nivernais à Nevers. Florimond Bondon soutient que Sa Majesté ne peut commettre que ses officiers royaux ; et c'est à cela que je m'attache, parce que c'est là véritablement qu'est l'enclavure. (Bondon, auteur supposé du pamphlet.)

» Comme nos anciens rois ont senti cette vérité autant que la nécessité de recevoir les plaintes par eux-mêmes, qui ne peuvent cependant être partout, ils ont institué leurs officiers royaux, auxquels ils ont donné le caractère requis à cet égard. Mais si vous transférez ce droit des officiers royaux aux officiers seigneuriaux par des arrêts du conseil qui détruisent l'institution, oh ! crac, adieu je vous dis, nous voilà tout aussi avancés qu'auparavant. Le juge royal ne peut plus les entendre, le juge seigneurial ne veut pas les entendre ; devant qui se plaindront-ils ?

» Enfin, la poursuite des cas royaux appartient absolument aux officiers royaux, d'après l'argent qu'ils ont donné pour jouir de ce droit, qui fait partie de leurs charges, composées de l'honneur et du profit. Or, la convocation est un cas royal s'il en fut jamais, puisque le roi, exclusivement à tout autre, peut convoquer la nation ; par quoi la convocation appartient donc de droit aux officiers royaux, exclusivement à tous officiers seigneuriaux.

» Voilà pourquoi je vous dis, moi, que quand on a engagé le roi à laisser sortir de son conseil cet arrêt du 2 mars dernier, on lui a fait violer la propriété du bailliage de Saint-Pierre-le-Moûtier, blesser la raison sur le chapitre de la compétence, bouleverser un siége royal dans ses fonctions, ordonner que sa bonne volonté n'aurait aucun effet dans ce malheureux pays et que, dans tous les cas, les Etats-Généraux seraient inutiles pour nous autres, pauvres justiciés du bailliage seigneurial de Nevers ; et tout cela étant, je crois que c'en est suffisamment assez. »

Il est certain que ce débat n'est plus qu'un sujet historique curieux ; mais il n'en est pas moins singulier qu'au moment où le goût de la centralisation de tous les pouvoirs entre les mains du roi, où la féodalité n'existait plus dans bien des cas qu'à titre de souvenir, où ses moindres vestiges disparaissaient chaque jour, le bailliage ducal de Nevers se soit présenté en 1789 comme un pouvoir non-seulemen debout encore, mais comme une autorité envahissante au point de vue de l'étendue de sa juridiction ducale, territorialement parlant, mais au point de vue des attributions (1).

(1) Notons que le Parlement de Paris avait condamné au feu, en 1776, le livre écrit par Boncerf sur « les inconvénients des droits féodaux. » Jamais les seigneurs ne s'étaient montrés plus âpres que dans les dernières années qui précédèrent la Révolution. Il y eut alors une remise en état général des terriers par les soins de *commissaires à terriers*, entrepreneurs de recouvrements à forfait, et comme une résurrection de fiscalité féodale. Les hommes du duc de Nivernais ne furent pas les moins tenaces, et c'est ce qui explique comment le duc

Le bailliage ducal eut ses récalcitrants comme Saint-Pierre. Le bailli de Nevers avait convoqué certaines paroisses ressortissant du bailliage d'Auxerre. Comme bailli d'un bailliage principal, le bailli de Saint-Pierre avait également convoqué à Saint-Pierre les électeurs du bailliage secondaire de Cusset.

Les électeurs ainsi convoqués ne répondirent pas à l'appel : les premiers se rendirent à Auxerre ; les seconds restèrent à Cusset (1).

### RESSORT DU BAILLIAGE DUCAL.

A l'aide des documents que nous fournissent les archives de Nevers, nous essayerons de donner ici un état aussi complet que possible des justices composant le ressort du bailliage ducal.

Notre travail eût été plus complet si, dans ces mêmes archives, nous avions pu trouver les minutes des notaires de

de Nivernais, dont le libéralisme fut célébré par tous les encyclopédistes, se trouva, par suite de ce singulier contraste entre ses actes comme seigneur et sa manière d'être et de penser, impopulaire dans son duché.

(1) Les électeurs des paroisses éparses, qu'on serait tenté de considérer comme les débris d'un grand ressort de justice, se présentèrent seuls à Saint-Pierre. La masse des électeurs nivernais se rendit à Nevers.

Argenvières, Cuffy, Givardon, Grossouvre, Jouet-sur-l'Aubois, La Chapelle-Hugon, La Chapelle-Montlinard, Le Chautay, Léré (qui fut aussi convoqué à Montargis), Marseilles-les-Aubigny, Menetou-Ratel, Mornay-sur-Allier, Patinges, Sancoins, Saint-Germain-sur-l'Aubois, Sainte-Montaine, Saint-Léger-le-Petit, Sury près Léré, Tendron, Torteron (Berry), avaient été convoqués, ainsi que quelques paroisses du ressort du bailliage secondaire de Cusset et du Bourbonnais.

Aux représentants de ces paroisses, qui ne vinrent pas tous d'ailleurs à Saint-Pierre, se joignirent les représentants de quelques paroisses du comté de Château-Chinon ou de paroisses ayant pour seigneur du clocher un ecclésiastique ; Saint-Pierre, Sancoins, La Charité, Prémery, Lormes, Château-Chinon, Pouilly, Léré, sont les seules villes ayant comparu à Saint-Pierre.

la province qui portent une date antérieure à l'année 1789 ;
c'est grâce seulement à ce dépôt qu'on arrivera à reconstituer
l'état ancien de la province.

---

## JUSTICES RELEVANT PAR APPEL

### DE LA PAIRIE-DUCHÉ DE NIVERNAIS ET DONZIAIS

*Par ordre de châtellenies.*

---

### BAILLIAGE ET CHATELLENIE DE NEVERS.

*Nevers,* duché de Nevers et du Nivernais.

Le comté de Nevers a été érigé en pairie par Charles VII,
en 1459, et en duché par François I<sup>er</sup>, le 27 février 1538, en
faveur de François de Clèves, comte de Flandre, qui avait
épousé Marguerite de Bourbon, fille de Jacques, duc de
Vendôme, et sœur d'Antoine de Bourbon, roi de Navarre,
et de Louis, prince de Condé, décédé à Nevers le 13 février 1563.

En 1789, le duc de Nivernais était féodalement seigneur
de terres considérables dans la province. Le duché relevait
de la tour quarrée de Saint-Pierre-le-Moûtier, suivant la
déclaration au bureau des finances de Moulins, chef-lieu de
la généralité, du 19 février 1693.

*Azy-le-Vif,* ayant pour seigneur Berger de Chamilly, fils
de Berger de Franay. Terre, justice et seigneurie.

*Beaumont-sur-Sardolles* et la Cave. Terre, justice et seigneurie. Arrière-fief de Druy. Aveu du 30 septembre 1741,
reçu Grenot, notaire à Decize. Seigneur Jean-Michel de
Meun de La Ferté.

*Chevenon.* Terre, justice, seigneurie et château de Chevenon et le fief de la tour de Chevenon, ayant pour seigneur

du Creuzet de Richerand. Dernier seigneur, Mathieu-Bernard Goudin.

*La-Tour-de-Marigny*.

*Cougny-les-Amognes*. Seigneur Andras de Marcy. Justice, seigneurie et château. Dénombrement reçu par Tixier, notaire, le 6 juin 1744.

*Cougny, près de Saint-Pierre*. Voir ce nom dans la liste des justices relevant du roi.

*Le Chollet*, paroisse de Saint-Eloy. Terre et maison seigneuriale à Jacques-Edme de Bèze du Lys. Dénombrement du 4 décembre 1711, reçu Sionnest, notaire à Nevers.

*Chéreault-ès-Amognes*. Terre, justice et château de Chéreau. Aveu du 6 mars 1703, reçu par Dugué, notaire à Saints Benin-d'Azy, à Louis-Henry de Las d'Azy, puis à son neveu Michel de Las.

*Cognants-aux-Amognes* (paroisse d'Ourouër), fief et château, à Charles Andras de Marcy. Relève de Prye, suivant foi et hommage reçu par Camuset, notaire, les 26 juillet et 20 août 1708.

*Chassy-aux-Amognes* (paroisse d'Ourouër), à Andras de Marcy. Dénombrement devant Jaubert, notaire, le 22 juin 1728.

*La Ferté-Langeron*. Baronnie et château de la Ferté-Chaudron, appelée alors la Ferté-Langeron, à Louis-Théodore Andrault, comte de Langeron, qui l'a acquise de Claude Berger de Franay et de ses enfants. S'étend sur Saint-Imbert ou Chantenay et Toury-en-Séjour.

*La Forest-des-Chaumes* (paroisse de Saint-Sulpice). Justice et château. Fief et justice de la Motte-Latigny, à de Maulnoury de Sury. Relève de Saint-Sulpice. Dénombrement du 29 juillet 1672 ; foi et hommage reçu par Butaud, notaire à Nevers, le 15 février 1701. Flamen d'Assigny acquit cette terre en 1784. (Investiture à la Chambre des comptes de Nevers, 7 août 1784.)

*Frasnay-les-Chanoines*. Fief, terre et seigneurie. Justice haute, moyenne et basse de Frasnay-les-Saint-Aubin, paroisse de Frasnay. Aveu et dénombrement *de la baronnie de Frasnay*, fourni par Pierre Babaud de La Chaussade, écuyer, au duc de Nevers, devant Morlet, notaire à Guérigny, le 12 octobre 1775.

*Giry-sur-l'Ixeure* (Giry-les-Prie-sur-l'Ixeure).

*La Guerche.* Baronnie de La Guerche, en Berry, vendue à MM. de Montholon, sous réserve de la justice. Dénombrement de la terre et seigneurie de La Guerche, ayant haute, moyenne et basse justice, fourni par Marie, comte de Fougières, au duc de Nevers, devant Godin, notaire, le 24 février 1778.

La terre, justice, seigneurie et maison seigneuriale du Fournay et du Plessis (paroisse de Saint-Germain-sur-l'Aubois), à Pierre Léveillé, du Fournay, relevaient de La Guerche. Foi, hommage et dénombrement du 18 février 1728, reçu Gentil, notaire.

Du 4 mars 1777, devant Gounot, notaire à Nevers, foi et hommage, aveu et dénombrement du fief et fourneau du Chautay, près de La Guerche, moyenne et basse justice, paroisse du même nom, fourni par Jean-Baptiste de Neuchaize, chevalier, demeurant à Beaumont-la-Ferrière, au comte François-Marie comte de Fougières, à cause de sa terre de La Guerche. (Voir le Chautay, à Saint-Pierre.)

*Machy*, paroisse de Sauvigny-les-Chanoines (Machy-le-Bas). Fief et justice à Dollet de Sollière ; maison seigneuriale. Dénombrement au duché du 1ᵉʳ mai 1699, reçu Chevallier, notaire à Nevers, et dénombrement reçu Gentil, notaire, du 6 septembre 1744.

*Haute, moyenne et basse justice de Marzy.* Des bâtiments et héritages à Marzy furent érigés en fief sous la dénomination de fief de Marzy, avec justice moyenne et basse, par brevet du duc du 23 avril 1752. Seigneur, Bernard Carrelet de Haute-Feuille, président de la Chambre des comptes de Nevers. Seigneurs en 1789, les frères Dubois.

*Monts à la part de Saint-Parize.* Seigneur, M. de Saulieu. Du 28 février 1734, aveu et dénombrement de la haute, moyenne et basse justice de Mons, membre de la seigneurie de Saint-Parize, par Germain-Joseph de Pagany, seigneur de Saint-Parize, devant Gilbert, notaire à Saint-Parize.

*Les Meurs-aux-Amognes*. Seigneur Babaud de La Chaussade. Acquis par lui des époux Gascoing devant Magnier, notaire, le 8 avril 1752. Fief, justice et maison seigneuriale, paroisse d'Ourouër, à Antoine Rapine de Sainte-Marie. Foi et hommage à Montigny, à la part de Marcilly. Têtelette, notaire à Nevers, 26 juin 1708. Relève du duché pour la plus grande partie.

*Marigny et Jaugenay*. La terre, justice, seigneurie et château de Jaugenay et Marigny. Jaugenay relève de Saint-Parize-le-Châtel suivant le dénombrement fourni par de Pagany, seigneur de Saint-Parize, au seigneur de La Ferté-Chaudron, le 22 avril 1737. Marie-Elisabeth, comtesse Palatine de Dio, marquise de Montperoux, dame de Saint-Parize, épouse de Louis-Antoine-Eyrard de Damas, a vendu la justice haute, moyenne et basse, « appelée de toute ancienneté la justice de Jaugenay, » laquelle faisait partie de celle de Saint-Parize, au marquis d'Espeuilles, le 12 avril 1723. — Marigny relève, pour la haute justice, du duché de Nevers, et pour la basse justice de la seigneurie d'Uxeloup. Aveu et dénombrement de Marigny par le marquis de Saint-Remy à de Pagany, seigneur de Saint-Parize, 4 août 1736; aveu et dénombrement par le même au duc, 15 septembre 1736; aveu et dénombrement par le même à la veuve de La Chasseigne pour la part du fief de Marigny, mouvant d'Uxeloup. Claude-Marie de Girard, marquis d'Espeuilles avait acquis Marigny par acte sous signatures privées le 10 février 1720 de Pierre Challemoux. Jaugenay avait, à l'époque dont nous nous occupons, pour seigneur Claude-Marie Girard d'Espeuilles, et Marigny la marquise de Saint-Rémy.

*Marigny*, paroisses de Sauvigny et Montigny-aux-Amognes.

*Nyon*. Fief paroisse d'Ourouër, ayant justice petite,

moyenne et basse. Aveu et dénombrement fournis par Pierre Sallonnier de Nyon au duc de Nevers, devant Pannecet, notaire à Nevers, 3 février 1780. Autres aveux et dénombrements, 29 juillet 1722 et 27 octobre 1739, reçus Boury, notaire. Le relevé des fiefs porte : Le bien de Nyon est un franc-alleu noble y ayant justice annexée.

*Prye-sur-l'Ixeure.* Terre, justice, baronnie et château de Prye, à Michel de Las. Dénombrement reçu Frébault, notaire, 10 août 1725. La justice de Prye s'étend sur la paroisse d'Imphy.

*Peuilly,* paroisse de Sermoise. Fiefs et justices de Bois et Peuilly, acquis par Gérard de Vannes, avec le château de Sermoise, de Gabrielle de Villaine, veuve de Jean Hubert de Champtelot, seigneur de la Chaize.

*Bois.* Voir ci-dessus.

*Précy-Chambon,* ancienne paroisse près de Livry. La terre, justice et seigneurie de Précy, à Andrault, comte de Langeron, acquéreur suivant acte de vente consenti par Claude Berger de Frasnay, devant Gilbert, notaire à Saint-Parize, le 7 novembre 1747, en même temps que lui était vendue la terre d'Alligny. (Le fief et la justice de Chambon étaient à l'hôpital de Saint-Pierre.)

*Paraize,* paroisse de Chantenay. Les relevés de fiefs n'indiquent pas de justice. Fief et château de Paraize, aux enfants de Jean Alixand, mort en 1729.

*Rue-des-Fourneaux,* paroisse de Narcy, à Babaud de La Chaussade. Celui-ci avait acquis cette terre de MM. de Pagany-Dacry, le 22 octobre 1755, par acte reçu Decolons, notaire à Guérigny. Aveu et dénombrement du fief, justice, terre et seigneurie, haute, moyenne et basse justice à cause de la châtellenie de Châteauneuf-au-val-de-Bargis (porte l'acte) devant Morlet, notaire à Guérigny, le 10 octobre 1775.

*Rancy-les-Prye.* Fief *sans justice* à Michel de Las de Valotte.

*Rosemont et Luthenay.* Voir ce mot sur la liste des justices de Saint-Pierre. Seigneur : Louis-Guillaume Sallonnier, qui avait acquis cette terre de Joseph-François de La Chasseigne d'Uxeloup. Philibert de La Chasseigne l'avait acquise de la duchesse de Nevers, le 2 avril 1597.

*Cigogne.* Du 6 juin 1777, aveu et dénombrement sous signatures privées de la terre de Cigogne, paroisse de ce nom, haute, moyenne et basse justice, fourni par Jean-Baptiste-François-Angélique marquis de Rémigny au duc de Nivernais. Dénombrement du 12 mai 1581, hommage du 10 avril 1747. De Rémigny, par acte reçu Bataillier, le 14 mai 1751, avait acquis cette terre de Jean-Baptiste-Etienne Viau de La Garde, chanoine de Nevers.

*Saint-Firmin-de-Bussy.* Bussy, seigneurie et justice, à Joachim-Cazimir marquis de Béthune.

*Saint-Jean-de-Lichy.* La justice au pourpris de Saint-Etienne.

*Saint-Péraville.* La justice au pourpris de Saint-Etienne.
*La tour de Chevenon.* Voir au nom de Chevenon.

*Toury-en-Séjour.* Toury est porté dans le procès-verbal de la généralité de Moulins comme étant de la châtellenie de Belleperche et de l'archiprieuré de Saint-Pierre. Le seigneur est la dame du Bessay. Le Bessay, terre, château et justice, à Elie Randon, qui l'avait acquis par adjudication sur François Le Blanc, suivant arrêt de décret du Parlement du 14 juillet 1750.

*Uxeloup.* Haute justice, terre, seigneurie, château; seigneurs de La Chasseigne d'Uxeloup. Aveu et dénombrement d'Uxeloup, paroisse d'Uxeloup, fourni par dame Claude-Laurence Moreau, veuve de Pierre-Charles Chambrun, et Claude-Laurent Chambrun, son fils, au duc de Nevers, suivant acte reçu Moreau, notaire à Nevers, le 17 novembre 1770. Le dernier seigneur fut Claude-Laurent Chambrun d'Uxeloup, seigneur de Rosemont, Uxeloup, Reugny, etc.

*La Vesvre.* Est portée comme relevant du duché de Bourbonnais, châtellenie de Moulins. Cependant, aveu pour la justice haute, moyenne et basse de la Vesvre du 23 février 1714, et acte de foi et hommage du 1<sup>er</sup> mai 1770 par Claude-François marquis de Chabannes. (Voir plus haut *Rosemont et Luthenay*.) Sont portés en arrière-fiefs de la terre de Vesvre, relevant du Bourbonnais, le fief de la Motte-Farchat et Brion, autrement Villecourt.

*Villars, à la part de Mingot.* (Démembrement de la seigneurie de Villars-le-Comte.) Hameau de la paroisse de Saint-Parize, Villars et Roussy.

*Villemenant.* Justice haute, moyenne et basse, à Babaud de La Chaussade.

### ARRIÈRE-FIEFS SOUS CHEREAU (CHERAULT ÈS-AMOGNES).

*Azy.* La terre d'Azy, érigée en marquisat au profit de Louis-Henry de Las d'Azy, à la charge de relever du roi; foi du 4 septembre 1702, au bureau des finances; *Montgoublin*, à de Saint-Phal; foi et hommage du 9 septembre 1753; Thibaudat, notaire; *Segoule*, fief et justice, à M. de Pracomtal; Segoule et Deux-Villes relèvent de Chereau suivant foi et hommage du 8 octobre 1716; *Deux-Villel Trois-Aigles* (Traizaigle ou Cerclon), à Jacques-Henry Viaud de Beaudreuille, est porté dans l'état des fiefs comme relevant de la terre d'Imphy, suivant aveu du 20 avril 1712, reçu par Camuset, notaire à Nevers; *Chemerfin* (Chemaulbin, paroisse de Saint-Jean); *Vannay*, terre de Montgoublin, fief sans justice, à Gilbert Berthier du Veuillin, puis à de Las d'Azy; *la Haute-Cour-Bourgoing*, avec justice relevant de Montgoublin, suivant foi du 12 juin 1754, reçu par Thibaudat, notaire, à Louis-Henry de Las; *Vallotte*, fief, justice et château; dénombrement à Montgoublin; seigneur, Michel de Las de Valotte.

### ARRIÈRE-FIEFS SOUS LA FERTÉ-LANGERON (ANCIENNEMENT CHAUDRON).

Du 24 novembre 1731, foi et hommage de la justice, terre et dépendances par Edme Girard au baron de La Ferté, devan Guillier, greffier, le 24 novembre 1731.

*Trainay*, la terre et justice de Trainay et la justice de Matigny, à Nazaire-Edme Girard de Bosson; aveu et dénombrement de la seigneurie haute, moyenne et basse justice de Matigny par ce seigneur au roi devant Besnard, notaire, en ce qui concerne Tresnay.

*Saint-Parize à la part de la Ferté*, la terre, château et justice de Saint-Parize. La justice de Mons, membre de la seigneurie de Saint-Parize. Du 25 août 1736, foi, hommage de la seigneurie de Saint-Parize en conséquence d'un arrêt du conseil du 28 juin 1735, fait par Germain-Joseph de Pagany à Charles-Simon Cochet de Mons, baron de La Ferté, devant le juge de la Ferté, 13 décembre 1732. Autre aveu par le même au même, du 22 avril 1736. Seigneur Pierre-Jacques de Girard de Vannes et dame Françoise de Bèze de La Blouze, son épouse, qui ont acquis cette terre de Germain-Joseph de Pagany, suivant acte reçu Goussot, notaire, le 28 janvier 1750.

*Dorne*. Du 30 juillet 1750 foi et hommage rendu au comte de Langeron, à cause de la baronnie de la Ferté, par Euzèbe de Barbançois, marquis de Sarsay, et Marie-Jeanne Le Bouchet, sa femme, à cause de la terre et seigneurie de Dorne, pour la partie qui relève en fief de la Ferté, haute, moyenne et basse justice.

*Alligny* (la Motte d'), paroisse de Livry. La terre et justice de la Motte-d'Alligny, acquise de Claude Berger de Frasnay, par le comte de Langeron, 7 novembre 1747. *Gratis* (Gratais ou Graté), paroisse d'Azy-le-Vif, à M. Pinet des Ecots. Aveu par le marquis d'Escorail, le 22 août 1731. *Boishaut*, à Charles Renaud du Broc. *Agnon*, la terre, château et justice d'Agnon, à Moquet d'Agnon. *Lorgues*, paroisse de Cougny, à François Senneterre de Dreuille de Lalande-Champchevrier. *La Motte-Champchevrier*, paroisse de Chantenay, à M. de Lorgue *Perroussy* (Roussy), *Conflet* (Confex), paroisse de Montilly, châtellenie de Belleperche. *Villars-Chaume*, à Simoine-Geneviève de Seraucourt, qui tenait cette terre de Barbarin des Chaumes, son mari,

suivant acte reçu Plastrier, notaire, à Paris, du 13 mai 1735.
*Rosay*, paroisse de Langeron. *Erniat*, tenu de Sallay.
*Beaumont*, à Girard de Busson. *Chantenay*, prieuré avec
justice. *La Motte-Genèvre* (Genisère). *Beaudreuil*, à Jacques-
Henri Vyau de Beaudreuil. *Merneuville, Bois-Rousseau*, à
du Broc de La Barre. *La Motte Bourbery* (ou Bombéry),
à Jean Archambault, qui a acquis cette terre de Marie de
Tenon, veuve Chaludet, suivant acte reçu Lefyot, notaire,
du 15 novembre 1743.

ARRIÈRE-FIEFS SOUS FRASNAY.

*Champvoux, Gondelins*, à Babaud de La Chaussade.
*Narcy*, à Babaud, acquéreur depuis le 22 octobre 1755.
*Guichy, Vielmoulin, Puisat* (Puisac), *Passy, Crot-Guillot,
Villatte, la Bertrange, Ville, Vesvres, Moix.*

ARRIÈRE-FIEFS SOUS PRYE.

*Montigny-aux-Amognes.* 1° Montigny à la part des
Bordes, seigneur Louise-Marie de La Grange d'Arquian,
marquise de Béthune, veuve de François marquis de
Béthune, et Marie Tresme de Gesvre, femme séparée de
Louis-Victoire de Béthune. Aveux des 15 mars 1547, 24 février 1685; hommage du 27 octobre 1716, par M^me de Gesvre,
épouse séparée de Louis-Victoire de Béthune. 2° Montigny à
la part de Marcilly (1), seigneur, Joseph Pinet de Mantelet,
avocat au Parlement, puis Pinet de Troncin, son fils ; hommage du 2 juillet 1700. Aveu du 7 décembre 1716. —
*Mont-de-Prye, Battoir, le Bouchot-les-Prye, Ourouër,
la Motte-Marigny, Cognan, Saint-Martin-la-Bretonnière* ;
la terre, justice, seigneurie et château, paroisse de Saint-
Martin, à Louis-Antoine Rapine; *la Motte-Garignot, le
Coudray*, paroisse de Balleray.

(1) Marcilly, terre et seigneurie à la famille de Damas, qui fut
propriétaire de Montigny en partie. Aveu par Jean de Damas
d'Anlezy, du 20 avril 1558.

*Marigny*, paroisse de Chevenon ; *Lespinasse.*

## CHATELLENIE DE CHATEAUNEUF-SUR-ALLIER.

*Châteauneuf.*

*Boisvert.* Du 20 janvier 1775 aveu et dénombrement de
la terre, justice haute, moyenne et basse de Boisvert, paroisse
de Magny, fourni par Louis-Claude Marion des Barres, par-
devant Archambault, notaire à Nevers.

*Barge* (Berges).

*Chevanne*, paroisse de Gimouille. Justice vendue avec la
terre, seigneurie, château et justice du Marais à Eustache de
Chéry par la dame Dupin, fille de François-Charles Dupin,
épouse de J.-J. Vauloyer.

*Les Granges*, paroisse de Cours, à Louis-Alexandre de
Menan des Granges. Fief, justice et maison seigneuriale.

*Planchevienne*, paroisse de Magny. Fief, justice et maison
seigneuriale à de Lespinasse.

*Langeron.* La terre, château, justice et seigneurie au
comte de Langeron. (Voir au nom Cougny, justices de
Saint-Pierre.)

*Gimouille.* Seigneur M. de Chéry.

*L'Isle-de-Mars.* Fief et justice, paroisses de Mars et Châteauneuf.

*Lange*, paroisse de Saint-Parize, à Joseph Decante d'Uxeloup. Foi et hommage du 8 août 1789. Le comte de Mon-
trichard échangea Lange avec Flamen Ducoudray et
Decante le 23 août 1758.

*Meauce*, à J.-B. de Mérigot de Berger. La terre, château
et justice de Meaulce et les fief, dixme et justice de Tré-
migny. Du 13 janvier 1779, aveu et dénombrement fourni
au duc par Benoist Moreau-Desmarets, à cause de sa terre de
Meauce, de la justice haute, moyenne et basse, qui com-

mence au bord de la rivière d'Allier, du côté du Veuillin, etc.; Barreau, notaire à Nevers.

*Le Marais-les-Nevers.* Terre, justice, seigneurie et château, paroisse de Gimouille, à François-Charles Dupin, ayant acquis de Marguerite Bolacre, veuve de Ligondez. Le dernier seigneur fut Charles-François de Saulieu de Saincaize.

*Mussy.* (Voir aux justices de Saint-Pierre.)

*Saint-Christophe,* dépendant du Marais.

*Saint-Caize et fief de Gigny.* La terre, justice et maison seigneuriale de Saint-Quaize et le fief de Gigny, à Brisson de Saint-Quaize. Dénombrement de 1577. Autre dénombrement de 1729.

*Saint-Parize à la part de Mons.* Seigneur Pierre-Jacques de Girard de Vannes.

*Vernay-les-Ulmes et Menay,* paroisse de Challuy. Fief, justice et maison seigneuriale du Vernay, à Louis-François Simonin, conseiller au bailliage de Nevers.

*Villars,* dépendant du Marais.

*Villars,* paroisse de Saint-Parize. Du 8 avril 1774, aveu et dénombrement fourni par François et Pierre de Forestier, Marie-Claude-Jeanne et Catherine-Gabrielle de Forestier, au duc des fief et seigneurie, haute, moyenne et basse justice de Villars-le-Comte. (Acte reçu Archambault, notaire à Nevers.) Le dernier seigneur de Villars et des Granges fut François de Forestier.

### ARRIÈRE-FIEF SOUS LES GRANGES.

*Les Petites-Granges,* paroisse de Saint-Parize, à François-Marie de Forestier de Villars.

### ARRIÈRE-FIEF SOUS MEAUCE.

*Cresancy ou Cryancy.* Fief avec justice, suivant dénombrement du 11 mai 1678 rendu au duc par Guillaume et François de Roffignac, seigneurs de Meaulce, du Creuzet et de Richerand.

CHATELLENIES DE CHAULGNE ET DE LA MARCHE.

*Beffe et Patinges.* La terre, justice et maison seigneuriale de Patinges. Aveu et dénombrement du 15 mai 1745, reçu Archambault, notaire à Nevers. Seigneur Gascoing de Patinges. Le fief et justice de Berthun, même paroisse de Patinges, au même Gascoing. — Justice de Beffes et Mottedon à de Prisye, conseiller au Parlement.

*Chalon-les-Coques.* Du 25 avril 1768 aveu et dénombrement fourni par Claude-Louis-François Rapine de Sainte-Marie à Joseph Pinet de Troncin de la terre, fief et seigneurie de Chalons, relevant de la terre de Montigny à la part de Marcilly, devant Goussot, notaire à Nevers.

*Ouvrault,* paroisse de Champvoux. Du 16 octobre 1775, aveu et dénombrement de la terre, fief et seigneurie, haute, moyenne et basse justice d'Ouvrault, fourni par Babaud de La Chaussade devant Morlet, notaire à Guérigny.

*Moyenne et basse justice de Richerand* et maison seigneuriale du Creuzet-de-Richerand.

ARRIÈRE-FIEFS SOUS BEFFE (BERRY).

*Mottedont* ( ou Mordon ), *Berthun, Rerault - sous - Berthun* (1).

---

(1) On ne voit pas figurer Montalin, Sesseigne et Verdun (paroisse de Germigny) ni au duché ni à Saint-Pierre.

*Montalin,* fief et maison de Montalin. Justice haute, moyenne et basse. Le lieu de la Bourdonnerie a été commué en fief sous le nom de Montalin, avec concession de justice haute, moyenne et basse par brevet accordé par le duc de Nevers à la charge de relever à foi et hommage de sa châtellenie de La Marche. Du 23 août 1783, aveu et dénombrement fourni par Charles-François-Nicolas Brisson, conseiller au Parlement de Paris, Elisabeth Brisson, sa sœur, etc., devant Pannecet, notaire.

Fief de *Sesseigne* et justice haute, moyenne et basse de *Verdun,* au-delà de la rivière de Loire, faisant partie de celle de Germigny. Ce

### CHATELLENIES DE POUGUES ET GARCHIZY.

La châtellenie de Garchizy dépendait de celle de Pougues.

On trouve un acte d'aveu et dénombrement du fief et justice moyenne et basse de Pougues fourni par Jacques-Dominique Chaillot, ancien trésorier de France au bureau des finances de Moulins, au duc, devant Ballanger, notaire à Pougues, le 9 novembre 1777.

### CHATELLENIE DE CUFFY.

*Cuffy*, châtellenie ducale.

*Apremont*, à Madeleine de Roffignac, chanoinesse de Metz, puis à Louis-Marie-Victoire comte de Béthune et Françoise Pottier de Gesvrés, sa femme. Terre, justice, seigneurie et château.

*Les Barres et le Veuillin,* à Gilbert de Berthier.

*La Charnay-les-Cuffy,* basse justice à Gascoing du Chazault, élu à Nevers.

*Cens-Margot.*

*La Charnay-Ragon*, paroisse de Patinges. Fief et basse justice à Gascoing. La Charnay-Ragon ou Moulin-Ragon fait l'objet d'un aveu et dénombrement fourni par Louise Poupon des Bertins, veuve de Jean-Marie Gascoing, au duc, devant Archambault, notaire, le 29 juin 1774.

*Navenon* (le Veuillin actuel). Aveu et dénombrement fourni au duc de la terre et seigneurie du Veuillin et Navenon, ayant haute, moyenne et basse justice, par Gilbert-Laurent de Berthier du Veuillin, devant Le Blanc, notaire à Nevers, 12 décembre 1780.

*Neuvy-le-Barrois-sur-Allier.* La terre, château et justice

fief a été concédé par acte du 9 janvier 1751 (acte Boury, notaire), par le chapitre de Saint-Cyr de Nevers, à la charge de rente non rachetable relevant à foi et hommage du fief et justice de Germigny. Relève de Saint-Pierre.

de Neuvy-le-Barrois, à Pierre de Frasnay, qui a acquis de Louis Descrots par acte reçu Berroyer, notaire à Moulins (Allier), le 15 mai 1725. Partie relève du duché de Bourbonnais, châtellenie de Bourbon ; foi et hommage des 16 octobre 1686, 19 avril 1713 et 5 mai 1714, et partie du duché de Nevers. Seigneur en 1789, Jeanne de Bar, marquise de Saint-Sauveur.

*Omery-les-Gots*, à la marquise de Béthune, dame d'Apremont.

*Arvaux-sur-l'Aubois.*

*Riau-du-Veuillin.*

*Omery-les-Strats*, paroisse de Neuvy.

*Sichevet*, près de Cuffy.

### ARRIÈRE-FIEFS SOUS APREMONT.

*Garambé.* Le fief et château de Garambet, à Pierre-Marie Gestat de Garambé, acquéreur suivant contrat reçu Gestat, notaire à Champlemy.

### CHATELLENIE DE DECIZE.

La châtellenie de *Decize* comprend les paroisses de Devay, Saint-Hilaire, Saint-Léger-des-Vignes, Saint-Maurice-les-Decize et Tannay. Haute, moyenne et basse justice.

*Arcy.* Le fief d'Arcy ou de Levanges, à la famille Blondat.

*Fleury-la-Tour.* (Voir à La Motte-Farchat.) De Soultrait, seigneur.

*Avril-sur-Loire.* La terre, justice, seigneurie et château, relevant de Rosemont, à de Dreuille de Lorgue.

*Beaudéduit*, paroisse de Champvert. Du 11 juillet 1772 aveu et dénombrement des fiefs et terre de Beaudéduit et Vanzé, *sans justice*, par François Carpentier de Changy, au duc, par-devant Archambault, notaire à Nevers.

*Bisy*, paroisse de Lurcy-sur-Abron. Seigneur, de Dreuille.

*Beaurepaire*, paroisse de Lurcy-sur-Abron, à Blaise-

Guillaume Quesnay. Bonfils avait acquis cette terre de Philibert Langlois de La Prévosière le 31 mai 1731.

*Beauvoir et Saint-Germain-en-Viry*, à Bonfils, puis à Quesnay.

*Brin et Bruneteau*, moyenne et basse justice, à Saint-Privé-les-Decize. Aveu et dénombrement du 22 mars 1764 devant Archambault, notaire à Nevers, consenti par François-Nicolas Bricault.

*Besne* (la Motte de), près de Decize, à de Prévost.

*La Brosse*, paroisse de Devay. Seigneur, Sallonnyer Vervrilly.

*La Bussière-sous-Thiange*, paroissè de Champvert, à demoiselle Dennemond.

*Chassenay*. Terre, fief, justice, seigneurie et château, à Pierre-Gilbert de Palierne.

*Cossaye*. Partie de la seigneurie ayant appartenu à Marie Moreau, veuve Pilloux. Seigneur, M^me de Saint-Remy. Relève du duché, suivant aveu du 3 octobre 1597. L'autre partie est à M^me de Marcelanges.

*Craux et Cronat*. Terre, fief, justice, seigneurie et château de Craux et Lamenay. Craux relève de Saint-Pierre. Lamenay relève du duché. Antoine-Denis Randot a acquis cette terre de Catherine de Rolland, Hector et Antoine Salladin, comte de Montmorillon, etc. Acte du 10 février 1720. Dernier seigneur, M. de Saint-Rémy.

*Crécr*. La justice et seigneurie de Crécy, relevant de Châtillon, à de Damas, comte d'Anlezy.

*Chappeaux*, paroisse de Devay.

*Croix-de-Chasse*, paroisse de Saint-Germain-en-Viry.

*Couroux*, paroisse de Toury-Lurcy.

*Chevigny*, paroisse de Saint-Maurice-les-Decize. Les fiefs et château de Pitié et Chevigny, ou bois de Liguier, à Françoise-Marguerite de La Verne, épouse de Pierre du Pré de Louesme. Laurin, propriétaire, 1773-1778.

*La Celle*, fief, terre et justice près Lucenay-les-Aix, à

Marie-Thérèse de Sault de Tavanne, abbesse de Saint-Andoche d'Autun ; hommage du 11 juillet 1729 (1).

*Crézeux* (Créjeux), paroisse de Cossaye.

*Fens* (Fin). Fief de la paroisse de Thiel, élection de Moulins.

*Dompierre-sur-Besbre* (Bourbonnais).

*Arcy et Montjournal.* (Montjournal ou Drain, paroisse de Lucenay.) Marquis de Bonnay, seigneur.

*Presle*, paroisse de Lucenay-les-Aix.

*Les Ecots*, vassal de Thiange.

*La Grange*, paroisse de Cossaye ; seigneur, le marquis de Bonnai.

*Lamenay*. (Voir plus haut au nom Craux.)

*Lucenay-les-Hays.* Marquis de Bonnay, seigneur.

*Basse justice de Marcy*, paroisse de Champvert ; seigneur, Desprès.

*Marigny* (la Motte de Marigny), paroisse de Chassenay ; seigneur, de Palierne.

*La Motte-Farchat.* La terre et justice de Fleury-sur-Loire relevait du duché de Bourbonnais, suivant la déclaration faite au contrat d'acquisition du 10 mai 1726, reçu Rocheron, notaire à Paris, par Benoist-Marie Devaulx de Saint-Maurice. Le fief et justice de la Ferrière fut compris au contrat. Le fief et château de la Motte-Farchat relevait de Vevre. Aveu et dénombrement de la haute justice de Bussière, paroisse de Fleury, consenti par Devaulx, seigneur de Fleury, au comte de Chabannes, seigneur de Rosemont, devant Gilbert, notaire, le 8 août 1749. Dernier seigneur de La Motte-Farchat, M. de Soultrait.

*La Loge et Grandchamp*, paroisse de Druy.

*Messeau ou Motte de Monceaux.* (La Motte-Marceau.) La Motte-Marceau, à Truittié de Varreux.

*Ris*, paroisse de Cossaye. (Le Ris.)

______

(1) La Chapelle-aux-Chasses, haute, moyenne et basse justice du duc de Nevers, était en Bourbonnais (portée par un relevé de fiefs).

*Roche-sur-Aron*, paroisse de Champvert. Fief, justice et château de Roche, à Jacques Desprez de Roche.

*Saint-Léger-des-Vignes.* Seigneur, le duc de Nevers.

*Toutvent*, paroisse de Cossaye.

*Toury-sur-Abron*, à Bernard, puis à Richard de Soultrait et à dame Bernard, sa femme. Aveu au duché. (La Celle-les-Lucenay était de la paroisse de Toury ; la paroisse de La Celle était annexe.) La terre, justice, seigneurie et château de Lurcy-en-Nivernais et la terre de Chailly-en-Bourbonnais faisaient aussi partie du territoire de Toury, ainsi que les fiefs de Laforest et Bersonnat-en-Nivernais, qui relevaient du duché et appartenaient à Edme de Fomberg, acquéreur de Mathieu de Jarre.

*Thianges.* Seigneur, le duc de Nevers.

*Vesigneux*, paroisse de Lucenay-les-Aix. Fief au village de Vernuse, appelé le Lieu-Vizineux, possédé par Jean Berryé en 1675. Arrière-fief de la seigneurie de Breuil et Laly, paroisse de Lusigny, châtellenie de Moulins, compris au dénombrement de cette terre fourni le 10 novembre 1675.

*Vesvres*, paroisse de Cossaye

*Villeneuve, près Curty*, paroisse de Cossaye.

*Vernesse* (Vernesson), paroisse de Cossaye.

ARRIÈRE-FIEFS SOUS AVRIL.

*Condemine* (la), paroisse de Fleury-sur-Loire. — *Gerland* (Jarlan ou Perland), paroisse de Neuville-les-Decize.

ARRIÈRE-FIEFS SOUS DOMPIERRE-SUR-BESBRE.

(Voir à Saint-Pierre.)
*Le Chambon, le Méage.*

ARRIÈRE-FIEF SOUS TOURY.

*La Forest-Gobert* (ou Forest-de-Lurcy). De Dreuille, seigneur.

7

ARRIÈRE-FIEFS SOUS THIANGE.

*Aubigny-le-Chétif, Gonge,* paroisse de Ville-les-Anlezy ;
— *Barbes* (Barbette), paroisse de Sougy ; — *Bussière-sous·
Thiange, Chuy* (Chouix), paroisse de Ville-les-Anlezy ; —
la *Tour-des-Pins, Curty,* paroisse de Cossaye ; — *Mire-
bault,* Saxi-en-Glenon, paroisse de Ville-les-Anlezy ; —
*Langy,* paroisse de Ville-les-Anlezy. Ancien prieuré dépen-
dant de Vézelay. Terre, justice et château de Langy, à
Hugues-Charles Le Bault de Langy ; dénombrement reçu
Garilland, notaire à Cercy, du 11 décembre 1739.

CHATELLENIE DE CHAMPVERT.

Le château ducal de Champvert et les moulins bannaux
de la Fougère.

*Bornai,* paroisse de Champvert. Seigneur, de Maumigny
de Verneuil, ayant acquis cette terre d'Etienne Gautheron
et autres, le 6 novembre 1784.

*Fontjudas,* paroisse de Champvert. De Maumigny, seigneur.

*Marcy,* paroisse de Champvert. Desprès, seigneur.

*Les Perras et Romenay,* paroisse d'Aubigny. Les fiefs et
justices de Romenay et Fassy relèvent du duché. Seigneur,
de Maulnoury de Romenay.

*Mairie de Champvert.*

*Riéjot,* paroisse de Champvert, à de Maumigny de Riéjot,
seigneur de Verneuil.

*Suancy.* Du 11 juillet 1772 aveu et dénombrement des
fief, justice haute, moyenne et basse de Vanzé, dixme et fief
de Suancy, fourni par François Carpentier de Changy au
duc, par-devant Archambault, notaire à Nevers. Moyenne et
basse justice de Vanzé, à de Maumigny, seigneur de Verneuil.

## CHATELLENIE DE GASNAT (GANNAY-SUR-LOIRE).

*Ganay.* Châtellenie, haute, moyenne et basse justice, au duc de Nevers.

*Balnay*, paroisse de Gannay. Seigneur, de Vogué.

*La Chaise* (la Cheze).

*La Craspelle* (les Crapelles).

*Montambert.* (Voir à Saint-Pierre.)

*Montaigne et Laboue.*

*Les Petites-Granges.*

Moyenne et basse justice de *Saint-Hilaire*, au prieuré de Sainte-Madeleine de Fontaine.

*Vezinet et Luzy*, paroisse de Gannay. Seigneur, Meilheurat des Bardets.

## CHATELLENIE DE CERCY-LA-TOUR.

*Cercy.* Justice haute, moyenne et basse, appartenant au duc.

*Breuille.* La terre, justice et seigneurie de Saint-Cy et de Breuille, aliénation ecclésiastique du 13 octobre 1563.

*Justice moyenne et basse de Laboue.* (Porté à la châtellenie de Luzy, à moins que ce soit Pouligny-le-Bout, paroisse de Montigny.)

*Briffault,* appartenant au duc de Nevers.

*Codde.* Terre acquise par le marquis de Voguë, le 19 février 1773. Foi et hommage du 4 juin 1773. Aveu du 8 mars 1776. Haute, moyenne et basse justice.

*Chaumigny,* paroisse de Cercy, à Guillaume Millot de Montjardin et Eugénie Millot, veuve de Michel Pellet.

*La Chatonnière,* paroisse de Montigny ; les fiefs de Montjardin et de la Chatonnière. Montjardin avec justice relève de Châtillon, suivant le dénombrement de cette terre du 14 avril 1735. La Chatonnière relève du duché de Nevers suivant le contrat d'acquisition et un dénombrement du

18 octobre 1575. Seigneur Millot de Montjardin. La Chatonnière fut vendue au décès de Millot, le 31 mai 1759, à
M. de Saint-Cy.

*Champlevoy.* Fief, justice, château et dîmes relevant de
Nevers, suivant dénombrement reçu Lequin, notaire à
Decize, le 27 juin 1704. Aveu du 6 octobre 1620, reçu
Jolly, notaire. La justice s'étend sur Coddes. Dernier sei-
gneur, marquis de Vogué.

*Chevannes-les-Creux* (ou les Crots), paroisse de Dienne.
(Voir ce nom à Saint-Pierre.) Justice haute, moyenne et
basse de Chevannes. Foi et hommage par Claude-Benoît de
Maulnoury, du 7 mars 1775. Aveu du 15 juillet 1776.

*Chatelier,* paroisse de Verneuil.

*Champeroux,* paroisse de Cercy. Seigneur, Thomas.

*Chandon,* paroisse de Dienne. Champvoux relevait de
Saint-Pierre, mais le fief du Marais ou Champdon relevait
du duché. Dénombrement du 24 avril 1720, reçu Têtelette,
notaire à Nevers. Propriétaire Michel de Fouzay, à cause
de demoiselle de Druy, sa femme. Pas de justice.

*Coulonges.* (Voir à Saint-Pierre.)

*Codde et la Tannière.* (La Tannière, paroisse de Dienne.)

*Dienne.* (Voir à Saint-Pierre.) La seigneurie de Dienne
appartint en dernier lieu à l'hôpital de Nevers. Fief et justice
dont Claude-Benoît de Maulnoury fit hommage au duc les
23 août 1776 et 15 juillet 1776.

*Fourcon.* Mentionné en 1689 au registre des fiefs.

*Faye,* paroisse de Verneuil. Les fiefs de Faye, Milleray et
Jonzeau, anciens fiefs de Champlevois, à Jean-Joseph Sallonnier d'Avrilly.

*Ferrière-sous-Coddes.*

*Isenay.* La terre, justice, seigneurie et château du Tremblay et d'Isenay, à Louis-Alexandre de Reugny, comte du
Tremblay.

*Lancray,* à Guillaume-Robert de Chéry. Fiefs de Lancray
et de la Loge, paroisses de Dienne et Montigny. Relève pour
certains objets de Châtillon.

*Maisons.* (Voir Maison-en-Longue-Salle et Fours, à Saint-Pierre.) La seigneurie de Maisons est portée comme relevant du duché. Le fief de Barbaut relevait de Pron. Haute, moyenne et basse justice de Fours, ainsi que Barbaut, à M. de Voguë.

*Montigny-sur-Canne.* La terre, justice et château de Montigny-sur-Canne, à M. de Chéry, relève du duché, suivant dénombrement reçu par Garilland, notaire à Cercy, le 13 octobre 1737.

*Mirebeault,* paroisse de Dienne. M. Truittié de Varreux, seigneur.

*Moyenne et basse justice de Matonge,* à Ferrand de La Forest et à Dufour. L'étang de Matonge relève de la tour quarrée de Saint-Pierre ; dénombrement de Champvoux, paroisse de Dienne.

*Magny* (le), paroisse de Toury-Lurcy.

*Poussery,* paroisse de Montaron Seigneur, M. de Reugny. Les fief, justice et château de Poussery et Bazois relèvent de la seigneurie de Vandenesse, suivant les actes de foi et hommage et dénombrement des 17 août 1722, reçu Guillier, notaire à Moulins-Engilbert, et 9 septembre 1723, reçu Duruisseau, notaire.

*Le Peron.* Le fief et seigneurie du Peron (Pron). Aveu du 21 août 1734 reçu par Guillier, notaire à Moulins-Engilbert. Seigneur, M. de Fussey, Haute, moyenne et basse justice,

*Romenay.* Les fiefs et justices de Romenay et de Passy, paroisse d'Aubigny. Seigneur, de Maulnoury de Romenay. Foi et hommage du 19 octobre 1677.

*Moyenne et basse justice de Reugny,* paroisse de Saint-Gratien, à Lault.

*Saint-Cy-Fertrève.* La paroisse de Saint-Cy-Fertrève comprenait : 1° les terre, justice et seigneurie du Vieux-Chaillou et de Montpeyroux, relevant de Châtillon (dénombrement du 14 avril 1735). Foi et hommage à Châtillon du 4 août 1735, devant Cabaille, notaire à Cercy. Il y a aussi des hommages à Château-Chinon des 4 septembre 1617, 6 mars 1602 et 7 septembre 1676.

2° La terre, justice et seigneurie de Saint-Cy et de Breuille. Aliénation du prieuré de Coulonge du 13 octobre 1563, relevant du duché, d'après l'aveu reçu Decamp, notaire à Moulins, du 26 octobre 1739.

3° Le fief du Brion. Autre aliénation de Coulonge du 23 septembre 1563, relevant de Saint-Pierre, d'après le dénombrement reçu Jaubert, notaire à Rouy, du 29 juin 1726.

4° Le fief et justice de Montjardin, relevant de Châtillon.
Seigneur de Saint-Cy, Jean-Jacques-Pierre de Saint-Cy.

*Saint-Gratien*. Justice et seigneurie. Relève du duché, suivant le dénombrement fourni par M. de Fussey, par acte reçu Guillier, notaire à Moulins-Engilbert, le 21 août 1734. Une partie relève de Châtillon.

*Savigny-sur-Canne*. Justice et seigneurie de Savigny, à Girard Foi et hommage du 20 mars 1717. Aveu et dénombrement du 21 août 1734, reçu par Guillier, notaire. Une partie relève de Châtillon.

*Cossaye*, paroisse de Taix et Faye, à Mellon, Leblanc de L'Espinasse, Garillant et autres. Pas d'indication de justice dans les relevés de fiefs.

*Cossaye*, fief uni à la Motte-Grillon, paroisse de Taix, à Mellon et autres.

*Vrou*, paroisse de Taix. Fief et justice de Verou, à M. de Poyanne, à cause de Charlotte-Louise Dubois de Leuville, sa femme. Pierre-Henry de Nourry, seigneur pour partie.

*Saint-Michel-en-Longue-Salle*, paroisse de Rémilly ; M. de Virgille, seigneur.

*Terrannon avec Faye*.

*Faye*, paroisse de Verneuil. Le fief, justice et château de Faye, Milleray et Jouzeau (ce dernier arrière-fief de Champlevois), à l'abbé Sallonnier d'Avrilly.

*Verneuil*. Terre, seigneurie, justice et château. Une moitié à Riéjot de Verneuil de Maumigny ; dénombrement au duché, reçu Legros, notaire à Thiange, du 8 janvier 1724; une moitié à l'abbesse de Nevers, ainsi que le fief du Chatelier, relevant de Nevers. Foi et hommage du 2 août 1540, etc.

*Verniẓy*, paroisse de Verneuil, à Gondier. Dénombrement reçu Goussot, notaire, 4 novembre 1739.

*Vaujoly*, paroisse de Dienne. Vaujoly et les Belins. Fief et justice du Mont-de-Dienne, autrement Vaujolly, à Jean-Pierre de Vaujoly; celui-ci a vendu à Joseph Le Prevost, seigneur de Périgny, élu à Nevers, devant Montchanin, notaire à Issy-l'Evêque, 8 juillet 1735. Hommage du 6 avril 1677.

*Vaujoly, pour la partie appartenant à M. de Chéry.* Claude de Maulnoury avait acquis un quart de Vaujoly d'Antoine Pierre, chirurgien, devant Decray, notaire à Decize, 29 octobre 1713. Cette partie relève de Châtillon. Hommage du 30 septembre 1723, reçu Barleuf, notaire à Decize.

ARRIÈRE-FIEF SOUS LA BREUILLE.

*Trambolin* (la Motte-Tramboulin), paroisse de Fertrève, à Millot de La Tuilerie.

ARRIÈRE-FIEFS SOUS CHAMPLEVOIS, A M. DE VOGUÉ EN 1789.

*Poussery, Montaron* (relèvent en partie de Château-Chinon; hommage du 6 septembre 1617); — *Jouẓeau ou la Motte-Joseau*; aveu du 28 mai 1685 et foi et hommage reçu Charpin, notaire à Isenay, le 5 juin 1716, à Sallonnyer d'Avrilly; — *Brulés* (cependant foi et hommage à la terre de Fours du 14 octobre 1724, reçu Moreau, notaire à Château-Chinon) à Lault; — *Boucaucho* (Baugouchon ou Bagoucho), paroisse de Charrin, à Mounier; — *Mex Ardelon dit Bachelery* (Ardillon).

ARRIÈRE-FIEF SOUS CODDE.

*Mirofflet.*

ARRIÈRE-FIEF SOUS DIENNE.

*Chaise.*

ARRIÈRE-FIEF SOUS LANCRAY.

*Les Murgiers.*

Ne figurent pas le fief et justice de la Vallée-Bureau et fiefs des Aubues et Monsenault, arrière-fiefs de Lancray, suivant ordonnance du bureau des finances du 26 janvier 1726. Gondier, seigneur.

ARRIÈRE-FIEFS SOUS PERON (PRON).

*Cossaye, Lurcy*, paroisse de Champvert, à Carpentier et à de Dreuille; *Barbaut* (Barbeau-les-Fours). Dénombrement des 26 janvier 1582 et 13 mai 1586, fourni par de Reugny, seigneur de Pron, devant Guillier, notaire à Moulins-Engilbert. (Voir plus haut.) *Corry-le-Coudre.*

ARRIÈRE-FIEFS SOUS SAINT-GRATIEN.

*La Cour-de-Marcilly* relèverait de Pron, suivant le dénombrement de cette seigneurie du 21 août 1734. Seigneur, M. de Chéry. *Michaugue, Ravery, Malvoisin, Margon, Bidault, la Foudre.*

ARRIÈRE-FIEFS SOUS SAVIGNY-SUR-CANNE.

*La Cour, la Chasseigne, Gateau, Vernillot (Vernillo)*, à Lault et Girard, paroisse de Savigny; *Avron, la Bernade, Perrin, le Plessis.*

ARRIÈRE-FIEFS SOUS VROUX, VASSAL DE CODDE.

*Martigny*, paroisse de Vandenesse. Basse justice à Antoine Mellon du Verdier, propriétaire des terres, justices et seigneuries de Coueron et Vendonne. — *Saint-Gervais*, paroisse de Verneuil.

## CHATELLENIE DE LUZY,

ACQUISE PAR DÉCRET EN 1418 PAR BONNE D'ARTOIS, VEUVE DE PHILIPPE, COMTE DE NEVERS.

*Bussière ou la Berchère et Goulot, près de Luzy,* moyenne et basse justice, à Pierre Desjours ; dénombrement du 25 avril 1755, reçu par Thierrat, notaire à Luzy.

*La Bussière.* Fief, justice et château de la Bussière et des Forges, à Desjours de Mazille.

*Chevagne-d'Ozon* (Chevannes), à de Fontenay. (Acte reçu Rambourg, notaire à Autun, 9 septembre 1755.)

*La Chapelle-les-Cuzy* (la Chapelle et Pervy), à Charles Ballard de La Chapelle et Ballard de Pervy, frères ; dénombrement du 2 mai 1699, reçu Durgon, notaire à Luzy.

*Chevigny,* près Thil-sur-Arroux, dénombrement reçu par Baudron, notaire à Luzy, le 6 février 1721, à Henri de Mathieu. — Moitié en Bourgogne, moitié en Nivernais. — Dans la cour du château se trouvent de hautes pierres placées pour limiter les deux provinces.

*Moyenne et basse justice de Lichy.*

*Le Migny.* Thil, près Poil, et Magny, près Milla y ; haute, moyenne et basse justice mouvant de Laroche-Millay. Foi et hommage du 20 juillet 1769, reçu Thierriat fils, notaire à Luzy.

*Chisy-le-Gros* (Chigy, près Tazilly). Château, terre et justice moyenne, à François Ducret ; dénombrement du 3 janvier 1702, reçu Ballard, notaire à Luzy. Autre dénombrement du 9 juillet 1729, reçu Goussot, notaire à Nevers.

*Cuzy, près Luzy.* La terre, justice et château de Cuzy, à Claude de Morey, gentilhomme de la grande vénerie de France, cessionnaire de Jeanne-Françoise-Charlotte de Changy.

*Faulin.* Autrefois les Butheaux, paroisse de Villapourçon, à la famille Jacquinet. Dénombrement du 19 juin 1739, reçu Decolons, notaire ; autre du 19 janvier 1701, reçu Rochery, notaire à Nevers.

*Uzon* (Usson-Uchon). Voir plus bas à l'article concernant les arrière-fiefs.

*Monceau-les-Loups et Nouerterre*, près Lanty. Moyenne et basse justice, à Pierre-Marie de Montchanin. Dénombrement du 5 janvier 1786, reçu par Couraud, notaire à Luzy.

*Montjalmain* (Mont-Galmain).

*Montarmin, près de Luzy*, à Pierre-Charles Desjours. Toute justice ; dénombrement reçu par Vaucoret, notaire à Luzy, le 8 août 1748. (Fief et justice de Mazille, château, et les fiefs de Grateloup, Montarmin et Goula.)

*Moyenne et basse justice de Monteuillon*, près de Cuzy, à Caillery.

*Mazille*, près de Luzy, à Pierre-Charles Desjours. Dénombrement du 9 août 1748, reçu par Vaucoret, notaire.

*La Perrière*, paroisse de Glenne, vassal de Glenne.

*Pont* (le Pont-des-Aix).

*Savigny-l'Etang et Somman.* La justice et seigneurie de Somman appartenait à Anne-Paul Fontenay, ancien lieutenant au bailliage d'Autun. Ce fief lui venait par échange de l'abbé de Saint-Martin, dont il relevait.

*Tueaux ou Etuaux* (Ettevaux). Eteveault, près de Poil, et Mongueret, près de Cuzy. Haute, moyenne et basse justice, à Pierre-Charles Desjours ; dénombrement du 12 juin 1750, reçu par Vaucoret, notaire à Luzy.

*Trésillon*, près de Luzy, à Claude Nault de Champagny.

*Tournis* (Tourny). Commanderie, paroisse de Fletty.

*Lavaux.* La Crouzille, Lavault, Feugères, acquis de la comtesse de La Roche par Louis-Marie-Nicolas Darlay, conseiller au Parlement de Dijon.

ARRIÈRE-FIEF SOUS HUSSON (UCHON).

*Bourdache.*

La baronnie d'Uchon, paroisse de Mesvres (Autunois), était ainsi possédée :

Uchon, justice haute, moyenne et basse, possédée par Gilbert Dubreuil pour trois cinquièmes. Acte de foi et hommage reçu Thierriat, notaire à Luzy, 14 janvier 1698. Dénombrement du 19 août 1698. Par Alexandre Lebrun-Dubreuil, foi et hommage du 6 mai 1733 au greffe de Luzy.

Dénombrement du 1er juin 1733, suivant acte sous signature privée, par le même, contrôlé à Luzy.

Saint-Eugène et portion d'Uchon, près de Saint-Eugène, haute, moyenne et basse justice, à Hugues-François de Siry. Foi et hommage du 12 septembre 1724 au greffe de Luzy.

Uchon et les Crots, portion aux sieur et dame Pernot. Dénombrement du 14 septembre 1737 au greffe. Andoche Richard fit foi et hommage devant Belin, notaire à Luzy, le 24 septembre 1779.

Uchon, joint à la Tour-du-Bost, près de Blanzy, à Durand de Lugny ; foi et hommage au greffe de Luzy du 15 octobre 1738. Dénombrement reçu Montchereau, notaire à Montcenis, le 4 mars 1739.

Uchon, à Maçon de Maison-Rouge ; foi et hommage au greffe de Luzy du 21 mai 1744. Dénombrement du 26 septembre 1744.

Uchon, tenant de Dampierre, à de Siry. Foi et hommage devant Vaucoret, notaire à Luzy, du 9 août 1768.

Toulongeon et Uchon, haute, moyenne et basse justice (près La Chapelle), à Charles Gravier de Vergennes. Foi et hommage devant Thierriat, notaire à Luzy, du 24 mai 1762. Foi et hommage du 15 octobre 1766.

Uchon, réuni à Champignolle, près la Tannière, à Antoine Villers-Lafaye, mari de dame Lebrun-Dubreuil. Foi et hommage du 13 mai 1771, acte reçu Thierriat.

Uchon, pour la partie située à Saint-Eugène et Dettey, à Charles Gravier de Vergennes ; foi et hommage du 8 août 1771, reçu Thierriat, notaire.

Uchon, la Tannière, Etang, la Chapelle ; haute, moyenne et basse justice, à Gravier de Vergennes. Dénombrement reçu par Thierriat, le 30 août 1776.

## CHATELLENIE DE SAVIGNY-POIL-FOL.

S'étend sur les paroisses de Fléty, Héry, Saint-Seine et partie de Ternant.

*Savigny.* La justice relève de Ternant. Seigneur, la duchesse de Villars. Distraite du duché le 21 juillet 1649 en faveur du marquis de Saint-André Montbrun, seigneur de La Nocle. Le comte de Voguë en était seigneur en 1789.

*Arsaudon* (Assardon).

*La basse justice de Baux et de Saint-Michel*, paroisse de Rémilly, à Ducret de Ponnay et à ses deux sœurs. Relève de Savigny. Acte du 1er août 1649.

*Moyenne et basse justice de la Boue.* Fief et château de la Boue et Pouilly, à François Prisy de Certaine. Foi du 26 mars 1713. La Verrerie-de-la-Boue, à de Virgile.

*Barnault, près Tazilly.* (Voir Bernot, à Saint-Pierre.)

*L'étang de Ricreux.*

*Fort-de-Lantv.* Fief et justice à Cortet de Mourigny. (Acte Thierriat du 23 novembre 1740.) Relevait de Ternant. Claude Martenne fit foi et hommage à Ternant le 18 novembre 1784 au greffe de Ternant.

## CHATELLENIE DE MOULINS-ENGILBERT.

*Moulins.* La châtellenie comprend les paroisses d'Onlay en partie, Préporché en partie et Sermages. Le comté de Château-Chinon y possédait des fiefs (le moulin de la Brosse, etc.). Relevaient de la tour quarrée de Saint-Pierre, la Maison-Bausillat, à Joseph Reullon, chirurgien, et un jardin appelé Champs (aliénations du chapitre de Moulins-Engilbert des 15 décembre et 19 décembre 1564).

*Anizy et Couze.* La terre, justice et château d'Annizy, le

fief de l'Amirault, celui de Panneçot, dénombrement à la tour de Châtillon-en-Bazois du 14 avril 1735 ; seigneur, Léonard de Baylens, marquis de Poyanne, à cause de Charlotte-Louise Dubois de Leuville, sa femme. Le relevé des fiefs de 1745 ne mentionne pas la terre, justice, seigneurie et château d'Arcilly et fief de Varaine, au marquis de Poyanne. Foi et hommage reçu Guillier, notaire à Moulins-Engilbert, le 14 juin 1704. Arcilly relève de Château-Chinon. Un relevé de fiefs porte : justice d'Annizy et d'Arcilly à Nevers et à Saint-Pierre.

Moyenne et basse justice d'*Arcy*, paroisse de Limenton.

*Bazoy* (Le). La seigneurie du Bazois, ancien fief de la Forest, paroisse de Pouligny, relevait de Vandenesse. (Voir plus haut Poussery, châtellenie de Cercy-la-Tour.)

*Bellevaux* (abbaye).

*Champ*. Le fief et maison de Champ, paroisse de Saint-Léger-de-Fougeret (les relevés de fiefs n'indiquent pas de justice). Relève de Château-Chinon, suivant foi et hommage des 2 et 17 juillet 1623. Seigneur, de Champs du Creuzet.

*Champdioux*, paroisse de Meaux. Terre, justice, seigneurie et château à J.-B. de La Ferté-Meun. Dénombrement du 4 novembre 1709 devant Moreau, notaire à Château-Chinon.

*Champrobert*. M. de Soultrait (*Dictionnaire topographique du département de la Nièvre*) mentionne Champrobé, paroisse de Poussignol-Blismes, comme fief de la châtellenie de Moulins et comme s'appelant de son vrai nom *Champrobert*.

*Champmartin*, paroisse de Sermages, petit fief à la famille Gaucher de Champmartin. Vassal de Château-Chinon.

*Commagny*. Fief dépendant de la châtellenie de Moulins-Engilbert et appartenant à la famille du Clerroy.

*Champois*, paroisse de Saint-Léger-du-Fougeret.

*Grand et Petit-Chambault*. Fief dont deux tiers appartenaient à Nicolas-François Rollot ; aveu du 4 juin 1735, reçu Mouillefert, notaire à Château-Chinon ; l'autre tiers à prendre dans le bois du Grand et Petit-Chambaut appartenait aux enfants de François Chevrier ; aveu du 12 juin 1739, reçu Camuset, notaire à Nevers.

*Echées ou Achées* (Aché), paroisse de Préporché.

*Fragny*, paroisse de Villapourçon.

*Moyenne et basse justice de Genay* (paroisse de Préporché).

*Guery et Motte-aux-Trous.*

*Limenton, Lentilly et Montambert* (Lentilly et Montambert, hameaux près de Limanton). Seigneur, le comte de Bar. Celui-ci tenait Montambert d'Anne Guippier, femme de Charles Delavenne de Chaillot.

*Lieu* (mentionné dans Marolles).

*La Motte-du-Plessis ou la Motte-Pavillon.* La Mothe-du Plessis, à César-Erard Sallonnyer, lieutenant criminel de robe courte au bailliage de Saint-Pierre. Le Pavillon appartenait aussi à la famille Sallonnyer. (Le fief du Pavillon consistait en directes et four banal à Moulins-Engilbert.) Aveu reçu Quillier, 20 août 1730.

*Monjoux*, paroisse de Préporché, à Sallonnyer de Montbaron. Dénombrement reçu par Guillier, notaire à Moulins, du 23 janvier 1745.

*Marry et la Tour-de-Marry.* La terre, justice et seigneurie de Marry, paroisse de Moulins, avec les domaines Charpeau et de l'Etang, à Jacques du Clerroy. Acte reçu Guillier, notaire à Moulins, du 19 août 1730.

Il existait mouvant du duché de Nevers en fief et en arrière-fief de La Roche-Millay, Marry-sous-la-Vieille-Montagne et Marry-lès-Bois (paroisse de Semelay). Ce fief fut partagé en deux fiefs unis l'un à la seigneurie de la Montagne, l'autre à celle de la Bussière.

*Onlay.* Le fief d'Onlay en toute justice appartenait aux seigneurs de la Montagne.

*Montjouant*, paroisse de La Roche-Millay.

*Pleine-Feuille*, paroisse de Saint-Léger-du-Fougeret.

Terre de Pleine-Feuille et moulin de la Ruée, à Claude de Champs. Aveu au duché du 16 septembre 1730, reçu par Maillefert, notaire à Château-Chinon.

*La Roche-Millay*. La baronnie et château de La Roche-Millai, les fiefs de Rioux, Villatte, Sagnant et Vieille-Ville, à Jacques-Louis de La Ferté-Meun ; baronnie érigée en comté, lequel s'étend sur les paroisses de Saint-Jean-Goux et Villapourçon. Acquisition par Jacques-Louis de La Ferté de la duchesse de Villars. (Acte reçu Frottier, notaire à Paris, le 15 avril 1736.)

On a compté trente-deux justices dans la dépendance du bailliage de La Roche-Millay. Tous les ans, le bailli tenait une assise dite grands jours, où tous les juges des arrière-justices devaient se présenter. Faute de ce faire, leurs justiciables devaient plaider en première instance devant le bailli de La Roche-Millay. (Baudiau, *le Morvand*, t. I$^{er}$, p. 489.)

*Saullière*. Terre, justice, seigneurie et château de Saulière. Dénombrement reçu Moreau, notaire à Château-Chinon, le 30 juillet 1717 ; seigneur, de La Ferté, comte de La Roche.

*Saint-Péreuze* (Sainte-Pereuse, Saint-Péreuse). Voir à ce nom liste des justices de Saint-Pierre. Fief partagé entre le duché et le comté de Château-Chinon.

*Saint-Léger-de-Fougeret*. Du 17 mars 1778, foi et hommage, aveu et dénombrement des fief, seigneurie et château de Saint-Léger, ayant haute, moyenne et basse justice, fourni par François-Marie de Champs, seigneur, au duc de Nevers, devant Morin, notaire à Nevers.

*Marry*, *Villars-le-Bouy* et dépendances. Le fief et justice de Villars-le-Bouy, à Jacques du Clerroy, relève du duché suivant aveu et dénombrement reçu Guillier, notaire à Moulins, le 9 juin 1731. Foi et hommage des 14 juin 1678 et 24 juin 1684.

*Sermages*. De la châtellenie de Moulins, mais dans la mouvance et la haute justice du comté de Château-Chinon.

Le registre des fiefs de 1745 n'indique pas de justice de
Sermages. Le dernier seigneur de la justice indiqué par
M. Baudiau est Henri Letors, sieur de Chevannes.
Chaumes, Moncey, etc., n'avaient pas de justice. En 1770,
les Ursulines de Moulins-Engilbert ayant acquis Chaumes,
Sermages et Villacot, en firent aveu au comté de Château-
Chinon. La justice de Villacot est la seule indiquée, ainsi
que celle de Champmartin, par les registres de fiefs. (Voir
pour Villacot à Saint-Pierre-le-Moûtier.)

*Villaine, Neuville et Mourceau.* Terre, justice et château
de Villaine et le fief des Bourgoing, paroisse de Commagny,
à Henri-Gabriel Ducret de Villaine. Dénombrement des
14 septembre 1701 et 13 février 1724, reçu Guillier, notaire.
Aveu et dénombrement du 1ᵉʳ avril 1773, fourni par
Ducret devant Moreau, notaire à Nevers, au duc. Neuville,
paroisse de Préporché. La justice de Mourceau et le fief de
Saint-Quentin à Sallonnyer de Montbaron. Aveu devant
Guillier, notaire, du 23 juillet 1745.

*Thard,* paroisse d'Onlay. Fief, justice et château de Thars
à Gondier de La Vallée. Foi du 7 novembre 1784. Vendu
par adjudication au bailliage sur le sieur Gondier et demoiselle Gondier de Thars, le 24 avril 1784.

*Venisien* (Venitien), paroisse de Préporché.

*Jonchery et Vilotte.* (Villault, près Moulins-Engilbert.)

*Vandenesse.* Terre, justice, seigneurie et château. La
justice s'étend sur Nourry. Terre érigée en marquisat en
1667. Partie relevait du duché, partie de la tour quarrée de
Saint-Pierre. Foi et hommage du 11 mars 1558 fait à Saint-
Pierre. Hommage au roi 27 juin et 22 novembre 1685,
19 octobre 1700 et 6 juin 1726. Seigneurs, Dubois de
Fiennes, puis sa fille, Charlotte-Louise du Bois de
Fiennes, épouse de Charles-Léonard de Baylens; Olivier
de Leuville; enfin Marie-Caroline-Rosalie de Poyanne,
épouse du prince de Chalais (Elie-Charles Talleyrand de
Périgord).

Consulter les *Notes pour servir à l'histoire de la commune de Vandenesse,* par M. V. Gueneau, dans le *Bulletin de la Société nivernaise des sciences, lettres et arts,* pour comprendre comment on peut voir, en raison des origines diverses des fiefs composant cette terre, figurer Vandenesse parmi les fiefs du duché de Saint-Pierre et de Château-Chinon.

*Villiers-en-Longbos,* paroisse de Saint-Léger-du-Fougeret.

ARRIÈRE-FIEF SOUS ANIZY.

*Cosson* (Cousson), paroisse de Limanton, au marquis de Poyanne. Est indiqué par le registre des fiefs comme vassal de Château-Chinon.

ARRIÈRE-FIEF SOUS CHANDIOUX.

*Curty,* au comte d'Aulnay (sans justice en 1745).

ARRIÈRE-FIEF SOUS LA MONTAGNE.

La Montagne, achetée du vicomte de Chabannes et autres le 16 septembre 1786 par de Lunas. Foi et hommage du 16 décembre 1786. (Voir aux arrière-fiefs de Châtillon.)

*Frémouzet.* Fiefs et justices du Plessis, Montelet et Frémouzet, relevant du duché. Dénombrements des 18 août 1678 et 18 mars 1732, reçu par Guillier, notaire. Seigneur, Potrelot de Grillon, qui tenait Frémouzet des de Jaucourt.

ARRIÈRE-FIEFS SOUS LA ROCHE-MILLAY.

*Chizy,* près de Luzy (justice moyenne et basse), à Bruneau de Vitry (1). *Courcelles,* près Poil. (Terres et justice

(1) Il y avait deux fiefs appelés Chigy: l'un dit Chigy-le-Gros, fief double, l'autre dit Chigy-le-Mizieu, situés paroisse de Taxilly. Nous avons cité Chigy-le-Gros, châtellenie de Luzy, et parmi les fiefs de

8

de Monceau et Poil, l'Haume et Corcelle, à La Ferté-Meun. Foi du 6 juin 1699, 13 février 1729.)

*L'Echeneau*, paroisse de Glux. *Etueaux* (fief et justice d'Ettevaux), à Zacharie Bertrand, qui a acquis de Jacques-Henry Richard de Curty. Dénombrement du 21 juin 1683, reçu Guillier, notaire. Foi du 31 décembre 1748 devant le bailli de La Roche. *Forges, Tiers, Lusieu, Las, le Moulan, la Bussière* (justice moyenne et basse à Edme de La Bussière); *bois de Buson, Champois* (paroisse de Saint-Léger-de-Fougeret), *Champ, Champrobert* (en deux parties, l'une à Bruneau de Vitry); cette partie relevait de la Roche pour la moyenne et basse justice; l'autre à Gabriel Vestu, président au siége présidial d'Autun; *Couault* (Couveau), *Conclaix*, paroisse de Poil, fief et justice à Claude de Morey. Foi des 15 février 1716, 27 février 1742, 16 janvier 1744; dénombrement reçu Geoffroy, 21 décembre 1702. *Champlevrier*, fief et justice de Champlevrier à de Vitry. Dénombrement devant Moreau, notaire à Château-Chinon, 4 août 1740. *Chevannes-les-Ribaudes*, moyenne et basse justice (indiquée par M. Baudiau); *Conclose, Fragny*, paroisse de Villapourçon; *Jussy* (Gissy), paroisse de Saint-Didier, moyenne et basse justice; *Monceau* (voir plus haut, Courcelles). *Maltaverne*, paroisse de Villapourçon; la justice appartenait aux religieuses de Marcigny-les-Nonains; *Monthelon, Monts, Montécot*, paroisse de Semelay, et *Couloize-Couloize*, à Salonnyer de Montbaron; dénombrement en 1445-1615-1660. *Patigny*, moyenne et basse justice, paroisse de Saint-Didier; *Rangères*; foi et hommage devant le bailli de la Roche, contrôle le 8 octobre 1715; seigneur, Salonnyer de Montbaron. *Regardumont, Roche, Saint-Didier, Tire-*

Saint-Pierre Chigy-le-Mizieu relevait de La Roche, comme nous le voyons ici. — Il existait un autre fief de Chigi indiqué dans un dénombrement du 25 juin 1723, reçu Nault, notaire à La Nocle, contrôlé à Luzy le même jour, fourni par Paul de Jacquinet, à La Nocle, des fiefs des Planches et Chigy-le-Moinel, paroisse d'Issy-l'Évèque, avec moyenne et basse justice.

*gage, Villeneuve, Villette-les-Forges* (1), paroisse de Chiddes; *la Verchère* (indiquée comme relevant du roi au registre des fiefs, voir à Saint-Pierre).

ARRIÈRE-FIEF SOUS SAINT-PÉREUSE.

*Nidy*.

ARRIÈRE-FIEF SOUS VANDENESSE.

*Poussery*, paroisse de Montaron. (Voir plus haut.)

(1) Voir ce que nous avons dit de Villette-les-Forges, qui relève du roi. Un autre Villette, paroisse de Poil, est ainsi désigné au registre de fiefs de 1745 : « Fief et justice de Villette à de Velle, relève de la Roche. » Foi et hommage des 16 janvier 1714 et 21 novembre 1724, devant le bailli de la Roche. Dénombrement du 28 novembre 1740, devant Geoffroy, notaire.

Cette liste d'arrière-fiefs de La Roche Millay concorde mal avec celle donnée par M. Baudiau. Nous regrettons de n'avoir pu connaître, par le livre de ce dernier, les sources de ses renseignements.

Quant au registre des fiefs de 1745, voici les terres qu'il nous révèle comme arrière-fiefs de La Roche Millay :

Fief et justice de *Couloize*, paroisse de Chiddes (nommé aux assises). Terre et justice, seigneurie et château de *Champlevrier*, la Verchère et Bousse, relevant du roi ; hommage du 10 janvier 1634. Fief et justice de Champlevrier, Richeaufour ou Saint-Jean-des-Curtils, relevant de la Roche. Aveu devant Moreau, notaire à Château-Chinon, du 4 août 1740. Foi et hommage devant le bailli de la Roche, 20 août 1745. — *Les Jours*, fief et justice et Montmorey, à La Ferté-Meun ; foi et hommage du 20 février 1739, reçu Geoffroy. Fief, justice et château de la Vallée, paroisse de Millay, relevant de la Roche. — Les fiefs et justice d'*Etevaux* (nommé aux assises). — Les fiefs et justices de *Montregnard ou de Rivière*, château des Beriards, du Molland, à Jeanne Charpentier de Fourvonne. Foi et hommage du 23 février 1709, reçu Geoffroy. Dénombrements devant le bailli de la Roche, 11 juillet 1683, 29 novembre 1738, 2 mai 1740 ; dénombrement du 11 mars 1741, reçu Geoffroy.

Fief et justice de *Villette-les-Forges* et *Chamrobert*. Champrobert relevant de la Roche. Fief et justice de *Montanteaume*, paroisse de Rémilly, relevant de la Roche. Dénombrement reçu Geoffroy, notaire, 13 août 1700 et 9 novembre 1749, à Gabriel Vétu, trésorier de France à Dijon. — *Buxon*, paroisse de Saint-Jean-Goûlt, à Joseph

### CHATELLENIE DE MONTREUILLON.

*Montreuillon*, châtellenie ducale.

*Achun*. La terre, justice et seigneurie d'Achun, terrier. Fusilly et Mouxas, terrier. Dénombrement au duché, reçu Moreau, notaire à Château-Chinon, du 4 novembre 1717. Autre, reçu Debersac, notaire à Aulnay, du 22 décembre 1737, au comte d'Aulnay. — M. de Soultrait porte Achun comme étant de la châtellenie de Montreuillon et vassal du Coudray.

*Argoulais*, paroisse de Saint-Hylaire. Les fiefs, châtellenie et justice d'Argoulais et domaine de Montbaron. Relève de Château-Chinon. Foi des 13 juin et 20 novembre 1618; seigneur, Jean-Marie Sallonier de Montbaron. Montbaron et Montbois, fiefs simples, qui furent érigés en justice et seigneurie avec Argoulais le 24 juillet 1781.

*Bruit* (le Bruit ou le Bruys). Fief et justice du Bruit, paroisse de Montigny-en-Morvand. Le Roy d'Allarde, seigneur. Relève de Château-Chinon.

*Bois-Montaulier*.

*Moyenne et basse justice de la Brosse et Dousseaux*.

*Cafondrier*. Les fiefs et basse justice de la Cafondrée, le Bois-d'Andot et Marré, les fiefs et basse justice de Moussy, la Croix-aux-Chèvres et moulin de Navelois ou Vauclaix, à l'abbé de Mégrigny.

*Chassy, Eguilly et Vau* (Chassy, Esguilly et Vaux). La baronnie de Chassy s'étendait sur les paroisses de Mont-

Maillard, au même seigneur que les fiefs, justices et châteaux de la Bussière et des Forges, paroisse de Semelay. — *Rangères*, nommé aux assises. Fief et justice de Villette (voir note précédente). *Thil et Magny*, à Marie de Chalon, veuve de Méru, paroisse de Poil, relevant de la Roche, suivant foi et hommage du 21 avril 1742 et dénombrement du 30 août 1742, reçu Geoffroy, notaire; foi du 20 juin 1769, reçu Thierriat, notaire à Luzy. — *Charency*, paroisse de Saint-Didier-sur-Arroux, moyenne et basse justice. Dénombrement reçu Thierriat, notaire à Luzy, le 24 mai 1753, à Pierre André.

reuillon, Montigny-en-Morvand et Mhère. La terre, justice, seigneurie et château de Chassy, au comte de Choiseul. Les fiefs et justice de Vaux, Aringe, et la terre de Charnois, à Jacques-Léonard Girard de Vannes. La justice de Charnois a été abandonnée par la marquise de Saint-Rémy à Jacques-Léonard Girard, par transaction sous seings privés du 24 septembre 1728.

*Cuy ou Cruy*, paroisse de Chougny. Terre, justice, château et seigneurie de Cuy, anciennement Nault (ou Niault), à Nicolas Le Roy de Cuy. Relève de Château-Chinon. Foi des 8 août 1616 et 15 décembre 1620.

*Chantreau*, paroisse de La Collancelle (aliénation du prieuré de Saint-Révérien). Relève de Saint-Pierre. Dénombrement du 5 octobre 1675 au bailliage de Saint-Pierre, à Gédéon Mazillier, en 1745.

*Moyenne et basse justice de la Croix.* Seigneurie de Vauclaix au village. (Vauclaix, le fief du Tartre-aux-Bonamour, le fief et justice de Vannes et domaines, à Jacques-Léonard Girard de Vannes.)

*Epiry-la-Grenouille.* Terre, justice et seigneurie d'Apury (Epiry), à de Mégrigny, comte d'Aunay ; relevait de Nevers. (Le fief de la Grenouillère, à Jacques de Blosset, relevait de Lormes. Dénombrement du 2 septembre 1683, reçu Delagrange, notaire à Lormes.)

*Fusilly-d'Aunay.* Fiefs et justice haute, moyenne et basse de Mougny, paroisse de Bazolles, et Fucilly, paroisses d'Achun et de La Collancelle. Du 3 janvier 1727, aveu et dénombrement de Mougny au roi. Du 14 juillet 1621, foi et hommage au roi, au bureau des finances de la généralité de Moulins, des fiefs de Fucilly, Mougny et Colombe, paroisse de Montapas pour ce dernier fief. Foi et hommage au roi, au susdit bureau, le 4 décembre 1716, puis le 23 juin 1775. Seigneur de ces fiefs, la marquise de Saint-Rémy. (Voir Mougny et Fucilly à Saint-Pierre.)

*L'Etang-Marzy.*

*Moyenne et basse justice de Laleu.*

*Modieux.*

*Montbarron, Marry et Mouillefert, Moulins, Follet.*
Terre, justice et seigneurie de Montbaron-le-Sauvage,
paroisse de Cervon, relève de Lormes et de Château-
Chinon, à Philibert Tepenier, marchand de bois. Foi du
25 juin 1619 ; est compris aussi dans l'état des fiefs de Châtillon. Moulin-Follet (paroisse de Vauclaix), Marry.

*Montautier*, paroisse d'Epiry, à M. de Choiseul. Le fief
de Monteauté relevait d'Epiry.

*Pert et Oussy-le-Moulois.* Les fiefs et justices de Pert et
Houssy, paroisse de Gâcogne, à Jean-Edme comte de Choi-
seul-Bussière.

*Aunay.* Terre, justice et seigneurie d'Aulnay, à de
Mégrigny, comte d'Aunay. Au même les fief et justice de
Marigny, relevant de Nevers. Le fief et justice de Champ-
charmont, relevant de Châtillon, figure aussi dans des actes
comme relevant de Château-Chinon.

*Moyenne et basse justice de Relieure* (Releure, paroisse
de Montreuillon).

*Moyenne et basse justice de Richardot.* La terre, justice
et seigneurie d'Ougny, les fiefs de *la Leu, Rigny, Richardot*
et dépendances. (Ougny, franc-alleu noble, relève du roi.)
Les autres fiefs relèvent de Châtillon. Dénombrement de
Rigny à la seigneurie de Châtillon, le 16 mai 1722, devant
Debersac, notaire à Aunay. J.-B. et Joseph Save sont propriétaires de ces terres.

*Moyenne et basse justice de Ruères.* Les terre, justice,
seigneurie et château de Ruère, à M. de Bretagne, relèvent
de la baronnie de Lorme, suivant foi et hommage du
28 septembre 1617. Le fief de Parjot, paroisse de Gâcogne,
lui a été réuni avec sa justice. Il relevait de Parjot (contrat
d'acquisition du 12 février 1542).

*Moyenne et basse justice de Ronçon.*

*Tamenay.* Voir à Saint-Pierre.

*Torigny* (Turigny), paroisse d'Aunay. Voir à Saint-
Pierre.

*Basse justice du Tartre.* Voir plus haut au nom moyenne et basse justice de la Croix-de-Vaucloix.

*Basse justice de Vaubeau.*

*Vaucloix.* Voir au nom moyenne et basse justice de la Croix-de-Vaucloix.

*Moyenne et basse justice de Varigny.* Le fief et justice de Varigny, maison seigneuriale, paroisse d'Achun, à la marquise de Saint-Rémy. Une partie relève de Châtillon, suivant dénombrement du 14 avril 1735 et suivant foi et hommage du 29 octobre 1698, reçu François, notaire à Achun; l'autre partie relève d'Epcuilles, suivant foi et hommage reçu Coquille, du 18 juin 1735.

*Vernisy*, paroisse de Sardy.

*Moyenne et basse justice d'Uranghen*, paroisse de Montigny-en-Morvand.

Prieuré d'Abon, paroisse de Maux. (Voir à Saint-Pierre.)

ARRIÈRE-FIEFS SOUS ÉPIRY.

*Maison-fort d'Epiry, la motte et fossés d'Epiry, Montautier*, paroisse d'Epiry, à de Choiseul de Chassy; *maison à Blismes, moyenne et basse justice de Fontenotes*, étang de Chandeu-Merlandeau, Bois-Bussau, la terre de la Croix, paroisse de Vauclaix; Blisme, terre, justice et seigneurie de Blisme, à Pitoys de Quincize, propriétaire aussi dans la même paroisse du fief des Belins et du fief d'Amoux, relevant de Châtillon. Terre et justice moyenne et basse et haute justice depuis 1714 de Saint-Maurice-les-Montreuillon, Blisme relevait du duché. Dénombrement devant Couault, notaire à Château-Chinon, du 23 octobre 1734, réuni à Blisme, terre et justice de Villars.

*Plotot* (le), près Epiry.

*Montchauson*, près Poussignol.

*Niro* (Nyro-Niroux), paroisse d'Aunay, vassal de Château-Chinon; aveu du 30 mai 1618. Seigneur, la veuve Léonard

Feuillet et Guillaume Dimanche, marchand à Château-Chinon.

CHATELLENIES DE LIERNAIS ET SAINT-BRISSON.

*Saint-Brisson*, châtellenie réunie à Liernais.

*Liernais*, châtellenie.

*Aligny et Lacremain* (Alligny-en-Morvand et la Cremène), haute, moyenne et basse justice. Le seigneur était en 1789 Louis-Marie-Gabriel-César de Choiseul. Alligny relevait d'Island-lès-Saulieu. Cette seigneurie comprenait une partie du territoire de la paroisse de Moux. La Cremène était une dépendance.

*Le Bois.* Le Bois-d'Alligny, paroisse de Gien, aux seigneurs de Montal.

*Brossière.*

*Beaumont*, baronnie unie à celle de Conforgien, paroisse d'Alligny.

*La Cour-d'Arcenay.* Terre, haute justice et seigneurie de la Cour-d'Arcenay. Dénombrement du 10 décembre 1718 à Espiard de La Cour, conseiller au Parlement de Dijon ; foi et hommage fait à la châtellenie, 22 juin 1785.

*Dompierre et Poligny.* (Nommés par Marolles.)

*Fétigny.* Fief de la paroisse d'Alligny, possédé par les seigneurs d'Alligny. Montabon et Montafroy, membres de cette seigneurie.

*Gouloux.* Seigneur, Marie-Anne de Montat, comtesse de La Rivière. Haute, moyenne et basse justice dans toute la paroisse de Gouloux, la Roche, l'Hâte-au-Sergent, Nataloux, Montgiraud, Montsauche en partie, Outre-Cure, aux Avoinières, l'Huis-Gaumont, Trapis, Bois-d'Alligny, Gien-sur-Cure.

*La Guette.* Terre, justice, seigneurie et château de Villars, fiefs de Veullerot (Vellerot) et la Guette. Partie en Bourgogne, partie en Nivernais. Mouvante pour un quart de la châtellenie de Liernais, pour le reste à la baronnie de

Thoisy-la-Berchère. La Guette, Villars et en partie Vellerot furent acquis le 3 juillet 1767 par César-Gabriel de Choiseul.

*Island*, paroisse de Saint-Martin-de-la-Mer. Haute, moyenne et basse justice, dans la mouvance du comté de Saulieu. Seigneur, Paul-Charles de La Rivière, vicomte de Tonnerre et de Quincy.

*Mex-Pinault*. Terre, justice et seigneurie de Mâcon-les-Saulieu et Mex-Pineau, paroisse de Saint-Martin-de-la-Mer, à Louis-Philibert d'Espiard.

*Meix-de-Saulce*, au comte de Choiseul.

*Mâcon-Chalaux et Saint-Martin-de-la-Mer*. Le baron de Choiseul acquit la Tour-d'Islan, Saint-Martin-de-la-Mer, la Chaux et Ruères, relevant de Liernais, le 26 février 1782. Foi et hommage du 19 juin 1784.

*Monsauge* en partie, relève du duché suivant dénombrement reçu Taboureau, notaire, du 20 novembre 1724. Seigneur, Jean-Edme de Choiseul. L'autre partie relève de Château-Chinon. Argoulais relevait de Château-Chinon, sous Monsauge.

*Jullenay*, à la part de Nivernais; seigneurs, les enfants de Philippe-Etienne de Badier.

*Maison-Baude*, paroisse de Saint-André-en-Morvand, à Jean-Baptiste Bernard, seigneur de Chanteau, conseiller au Parlement.

*Moulins-Buy ou Bussy*.

*Nataloup et Gouloux*. Voir plus haut, à Gouloux.

*Le Montal, paroisse de Dun-les-Places, Bonaré*. Foi et hommage des terres de d'Hung-les-Places et Bonnaré, et la dixme inféodée de d'Hung par le comte de La Rivière au comte de Château-Chinon, devant les officiers du bailliage de Château-Chinon, 7 février 1778. La terre, justice, château et seigneurie de Montal relevant de Lormes, foi et hommage du 2 juillet 1616, appartenant au marquis de Montal.

*Dun-les-Places, la Terre-aux-Maires (Aumaire)*.

*Montsauge*, à la partie du comté de la Rivière et dépendances. La seigneurie et haute justice de Dun-les-Places, à Louis de Mascrany, relève de la tour de Saint-Pierre. La terre Aumaire, paroisse de Saint-Brisson, aux comtes de La Rivière et de Montal.

*Parc-les-Gouloux*, paroisse de Dun-les-Places, fief vassal de Saint-Brisson. Terre, justice et maison seigneuriale du Parc, relevant de Nevers, à Pierre Pitoys de Quincize.

*La Roche-de-Reugny*, paroisse de Gouloux.

*Regençon, Rochefort et Asnières.* (Rochefort nommé par Marolles, Asnières, paroisse de Saint-Brisson.)

*Villars-les-Liernais*, paroisse de Liernais, à la famille de Chargères.

*Villiers.*

ARRIÈRE-FIEFS SOUS ISLAN.

*Palmarou*, à la partie du comté de la Rivière. Seigneur, Dollet de Palmaroux. Dénombrement du 20 novembre 1724 reçu Taboureau, notaire à Gouloux ; dénombrement du 26 avril 1741 reçu Pannetrat, notaire à Ouroux.

*Ferrière*, paroisse d'Alligny. Mouvant de la Tour-d'Island en arrière-fief du comté de Saulieu.

CHATELLENIE DE SAINT-SAULGE.

*Saint-Saulge*, châtellenie. S'étend sur Chevannes-Gazeau et partie de Saint-Saulge.

*Prieuré de Saint-Saulge.* Voir à Saint-Pierre.

*Crecy et dépendances*, justice et seigneurie, paroisse de Crecy, au comte d'Anlezy ; relève de Châtillon.

*Huez et dépendances.* Terre, justice, seigneurie et château de Vée, relèvent de Rouy et Vesvre. Foi, hommage et dénombrement des 2 mai et 5 mai 1716, reçu par Geoffroy, notaire à Ourouer. Seigneur, le comte de Chabannes.

*Assard.* Assard, de la châtellenie de Saint-Saulge. Laché, de la châtellenie de Montreuillon. La terre, justice et château de Laché, acquis par Philbert Danguy, le 2 juillet 1701' devant Guillemain, notaire à Corbigny. Lasché fut donné par Danguy à Amable Danguy, sa sœur, suivant acte à Saint-Pierre du 17 avril 1733 ; appartenait, à la fin du dix-huitième siècle, aux enfants d'Edme-Roger de Cottignon.

*Aubus* (les).

*Moyenne et basse justice de Bona.* Terre, justice, château de Bona et Marancy, à Paul du Verne de Marancy. Aveu au duché du 27 avril 1700, reçu Jaubert, à Nevers. Autre aveu reçu François, notaire à Saint-Saulge, du 12 août 1736.

*La Bretonnière.* Justice haute, moyenne et basse de la Bretonnière, paroisse de Huez, fourni par Monique Carpentier, veuve de Germain de Courvol, devant Languinier, notaire à Saint-Sulpice, le 2 juin 1781. Dénombrements du 12 mai 1718, reçu Berthault, notaire à Nevers, et du 23 juin 1737, reçu Jacquinot, notaire à Nevers.

*La Bussière-la-Pierre,* paroisse de Bazolles.

*Basse justice de Bisy.* Le relevé des fiefs de 1745 porte : Le fief, justice haute, moyenne et basse et château de Bissy (paroisse de Saint-Maurice), à Léonard Coquille de Poujeulx. Foi et hommage du 30 avril 1721. Dénombrement du 22 novembre 1722 reçu par Coquille, notaire à Saint-Saulge.

*La Crux, Autranches, Jonc et Marmantray.* Crux, à de Damas, comte de Crux. Terre, justice, seigneurie et château de Crux ; dénombrement reçu Marchangy, notaire, du 25 janvier 1709.

*Châtillon-en-Bazois.* Terre, seigneurie et château de Châtillon-en-Bazois et Bernière. Aveu et dénombrement fourni par la marquise de Béthune le 14 avril 1735 et reçu par Pougault et Dubois, notaires royaux à Moulins-Engilbert. La terre de Châtillon s'étendait sur les paroisses de Frasnay-les-Châtillon, Alluy, Marré en partie et Maingot. Le fief d'Eguilly et justice, ancien fief de Châtillon, y était réuni. Seigneur, Léonard, marquis de Pracomptal.

*Saxi-Bourdon*. Terre, justice et château de Saxi-Bourdon, Latenon, Précy et Pontillard. Seigneur, Rapine de Saxy. Dans la même paroisse, terre, justice et château de Foucherain, au même Rapine de Saxi. Terre, justice et château de Trougny, relevant de Châtillon, à des Ulmes de Montiffault. Aveu à Châtillon de 1670.

*Espeuilles*, paroisse de Montapas. Vendu le 8 mars 1687 à Marie Lardereau, veuve de Claude Girard, sieur de Vannes. Erigé en marquisat en 1705 avec Montapas, Prémoisson, Chevrenot, Sermentray, les Creusots et Roches.

*Marigny*, paroisse d'Aunay, mouvait en plein fief d'Espeuilles, avait la justice jusqu'à 60 sols. Le 6 juillet 1619, la Chambre des comptes de Nevers déclare que la haute, moyenne et basse justice de Marigny est mouvante en plein fief du duché pour la plus grande partie et pour le surplus en plein fief d'Espeuilles et en arrière-fief du duché. La terre, justice, seigneurie et château de Brun, au comte d'Aunay, paroisse d'Aunay, relevait aussi d'Espeuilles. Dénombrement reçu Moreau, notaire à Château-Chinon, du 20 novembre 1717.

*Foucherenne et Saxi-Bourdon*. Voir plus haut au nom Saxi-Bourdon.

*Saint-Benin-des-Champs*, ancienne paroisse. La seigneurie et justice de Saint-Benin-des-Champs à la marquise de Saint-Rémy.

La justice, directes, cens, rentes et bourdelages aux villages du Grand et du Petit-Neuzilly, au lieu des Creuzots, à M^me de Saint-Rémy, relèvent de Châtillon. Dénombrement du 14 avril 1735 de la terre de Châtillon.

*Frasnay-le-Ravier*, à Jean-Jacques-Pierre de Saint-Cy. Dénombrement à Châtillon du 29 août 1723, reçu Robin, notaire à Châtillon.

*Jailly*. Terre et seigneurie de Jailly-Saint-Sylvestre pour la moitié à Claude-Louis-François Rapine du Nozet, pour l'autre moitié à Jean-Jacques-Pierre de Saincy. Du 26 février

1772, acte de foi et hommage par Rapine. Du 10 janvier 1775, acte de foi et hommage par Pierre de Saincy.

*Moyenne et basse justice de Lathenon, Pontillard.*

*Foucherenne et dépendances,* paroisse de Saxi-Bourdon, aux Rapine.

*Lichy.* La seigneurie, justice et château de Lichy en partie. Voir à Saint-Pierre,

*Verpilleux et Marancy,* paroisse de Bona. Voir à Marancy plus haut.

*Montapas.* Terre, justice, seigneurie et château de Montapas et Sermentray Seigneur, la marquise de Saint-Rémy. Dénombrement fourni à la Chambre des comptes de Nevers, conformément à celui fourni par François et Philibert d'Anlezy, seigneurs de Montapas, le 5 décembre 1582. Le fief de Collombe relève du roi. (Dénombrement reçu Barleuf, notaire à Decize, le 3 janvier 1727. Foi et hommage du 4 décembre 1726.)

*Narloup.* Fief et justice de Narloup, paroisse de Sanizy, à de Pracomptal.

*Moyenne et basse justice de Précy.* Voir plus haut à Saxi-Bourdon.

*Sermentray.* Voir à Montapas. Foi et hommage du 14 mars 1781 par Louis-François Viel de Lunas, et dénombrement conforme à celui fourni par Erard d'Anlezy le 12 février 1454. Justice haute, moyenne et basse. Foi et hommage pour Sermentray et Chevrenot par Marie Lardereau, dame d'Espeuilles, les 31 décembre 1688 et 7 avril 1745. Chevrenot avait justice haute, moyenne et basse.

ARRIÈRE-FIEFS SOUS CRUX.

*Assars, Brevillotte* (Brillote ou Briotte), *Bazole, la Motte et Brevillotte, Villiers (Villiers-le-Petit), Buzeult,* paroisse de Bazolle, aux sieur et demoiselle Coquille. Foi et hommage reçu Frachot, notaire, du 26 juillet 1714. (Droit de dixme au roi.) Foi et hommage du fief de Pouzeux *sans justice* par Louis-François de Champoiré, receveur au grenier à sel de Saint-Saulge, au comte de Damas, devant Galle, notaire, le 1er avril 1778. Dénombrement devant le même notaire, 14 avril 1778. — *Charpigny, Vaux, la Motte-du-Plessis, Osnay (Aunay), Dumphlun et sous Dumphlun, la Motte-Chaillot.* (Les seigneuries et justices de Billy et château de Dumphlun, fiefs de Patry, Nanteuil et le Mont-Semelain. Billy relevait de Châtillon, Semelain de la tour quarrée de Saint-Pierre. Dénombrement du 20 juin 1728. Hommage des 22 octobre 1700 et 21 mai 1723. Billy et Dumphlun, au marquis de Rémigny.

Les justices de Demain et de La Collancelle avaient été annexées et possédaient les mêmes officiers. La justice de Demain se composait de cinq fiefs : fief et justice de Mouas, relevant de Châtillon, qui relève du duché ; fief et justice de Meuré et Sauvin, possédés par le seigneur de Demain, relevant de Châtillon, qui relève du duché ; fief et justice de La Collancelle, possédé par moitié indivisément par le seigneur de Vaux et par le seigneur de Demain ; fief et justice de la Poté-Chantereau, possédé indivisément par le seigneur de Demain et celui de Vaux. — La baronnie de Demain était de la paroisse de La Collancelle, mais elle ne dépendait pas du fief de La Collancelle ; de même la baronnie de Vaux ne dépendait pas de La Collancelle. — Vaux relevait immédiatement de Châtillon et en arrière-fief du duché. Tous les appels des sentences du juge de Vaux étaient portés au bailliage de Nevers et tous les appels des sentences du juge de Demain à Saint-Pierre. Comme il n'y avait que deux maisons dans le fief de La Collancelle, dont l'une relevait de Vaux, et que les habitants des fiefs de Meuré et Sauvain « n'étaient pas considérables, dit un relevé des fiefs de Vaux conservé aux archives, les sujets sont toujours allés en appel à Saint-Pierre en cas d'appel. »

ARRIÈRE-FIEFS SOUS CHATILLON.

*(Fiefs ayant justice, fournis au duché le 14 avril 1745.)*

*Anizy.* Voir ce nom à Moulins-Engilbert. (Arcy à M. d'Aunay et à Jacquette Lemoine pour un tiers, a été réuni à la terre d'Anizy par acte du 7 décembre 1745.)

*Amainge* (Amange), paroisse de Bona.

*Anlezy.* S'étend sur Tintury et Ville-les-Anlezy. Terre, justice, seigneurie et comté d'Anlezy. Aveu et dénombrement fourni par Jean-Pierre de Damas, comte d'Anlezy, Buffet, notaire à Prye, le 20 avril 1780.

*Angly*, paroisse de Ville-les-Anlezy.

*Audenas*, paroisse d'Alluy. Les fiefs d'Audenas et d'Anilly et Etangs à Annet-Henri Bellon de Chassy; foi et hommage reçu Jaubert, notaire à Rouy, le 21 octobre 1740. Dénombrement reçu Pigoury, notaire à Châtillon, le 25 novembre 1740; autre du 21 septembre 1741 reçu Guignebard; autre du 8 mars 1773. Aveu et dénombrement de la terre, seigneurie et comté d'Anlezy par Jean-Pierre Damas, comte d'Anlezy, à Antoine-Charles comte de Pracomptal, etc., devant Buffet, notaire à Prye, 20 avril 1780.

*Alluy.* Fief, justice et maison seigneuriale, terrier et dîme du lieu aux villages de Grandchamp, Chatenay et Chassy, à François de Champs de Champcourt. Dénombrement du 5 septembre 1724, reçu Robin, notaire à Châtillon. Foi et hommage du 24 septembre 1724, dénombrement du 5 octobre 1724. La maison des Paillards au bourg d'Alluy, les fiefs du Four-Faullier, Jacquinet, Moux, de la Croix, du Champ-des-Ulmes, à Bellon.

*Achun.* Voir à Montreuillon (châtellenie de).

*Aiguilly.* Voir Châtillon plus haut (arrière-fief de).

*La Bobe.* Les fiefs de la Barre et de la Boube, paroisse de Rouy, à de Pracomtal.

*Beaujarry.*

*Bussière*, paroisse de Bazolles.

*La Bretonnière,* paroisse de Bazolles (Palmery et la Bre-tonnière), à Lazare-Antoine Theveneau, médecin, qui l'a acquise des prieur et religieux de Saint-Etienne de Nevers moyennant rente. Acte reçu Frébault, notaire à Nevers, du 9 juillet 1739.

*Basolle.* (Bazolles.)

*Bois-de-Chiré,* paroisse d'Anlezy.

*Breuillotte.*

*Bouteuil* (le Petit-Bouteuil), paroisse d'Alluy.

*La Barre,* paroisse de Rouy.

*Bouches,* paroisse de Marré, à François Bongard, mar-chand à Marré (pas d'indication de justice dans le registre des fiefs de 1745).

*Billy.* Voir Dumphlun plus haut.

*Bussy,* paroisse d'Achun. Les fiefs de Champcourt et justice, château de Bussy, possédés par François de Champs de Champcourt. Foi et hommage du 14 décembre 1675.

*Chenizot,* paroisse de Chougny. Seigneur, Guoyt, conseiller à la Cour des aides.

*Le Creuset,* paroisse de Rouy. Fief, justice et château, à de Champs du Creuset,

*Cervon.* Terre.

*Certaine,* paroisse de Cervon.

*Condemine.* La Condemain, paroisse d'Alluy.

*Champcourt.* Voir à Bussi.

*Champcharmault,* fief et justice, paroisse d'Aunay, domaine au comte d'Aunay.

*Cafondrée.* Les fiefs et basse justice de la Cafondrée, paroisse de Cervon, le Bois-d'Andot et Marré.

*Chalnay.*

*Chanteloup,* paroisse de Guipy (relève de Nevers), à Charles Girard, de Prémery.

*Charry,* paroisse de Bona, relève de Billy. Foi et hom-mage reçu Perreau, notaire, le 22 novembre 1725.

*Chazeaux,* Rouy, M. de Pracomptal.

*Chamonot*, paroisse de Brinay. Fief et justice, à Jean-François de Bréchard.

*Cordas* (les), paroisse de Rouy; seigneur, M. de Pracomptal.

*Chauvance*, paroisse d'Achun. Les terres de Chauvance, Roche et le Buisson du quartier du Roch avec justice.

*Cervandray* (Servandet), paroisse de Rouy, fief relevant de la Bouc, d'après M. de Soultrait.

*Chaumot*. Chaumoy, près Maingot.

*Cevillon*.

*Chassenay*, paroisse de Diennes. M. de Pracomtal.

*Ponge* (Aponge), paroisse de Maingot. Seigneur, Save d'Ougny. Le fief de Semelain (Semelin) et Aponges aux enfants du seigneur Save. Foi et hommage reçu Frachot, notaire à Saint-Saulge, du 7 mars 1722, et dénombrement reçu Debersac, notaire à Aunay, le 16 mai 1722.

*Debout*, paroisse de Limanton.

*Le Guet*, paroisse de Montigny-sur-Canne.

*Guipy*. Terre, justice, seigneurie et château de Guipy, relève de Château-Chinon. Foi et hommage des 17 août et 30 novembre 1617. Foi et hommage du 23 décembre 1684. Dénombrement du 3 septembre 1685 devant Corault, notaire. Dénombrement du 17 mars 1701, reçu Corault, notaire à Château-Chinon. Foi et hommage du 3 juin 1776, reçu Bruandet, greffier. Seigneur, Philippe-Germain du Bois d'Aisy. Ce fief était double.

*Gron*, paroisse de Tintury. Directes aux villages de Gron, de Perange et de Chassy, à Tintury, Rouy et Alluy. Au sieur Renault. Pas d'indication de justice au relevé des fiefs.

*La Garenne*, près de Châtillon.

*Hérisy*. (Indiqué par l'annotateur de Marolles comme relevant d'Anizy et situé près de Vandenesse.)

*Chantilly*.

*Longbois*.

*Leugy et Laschoix.*

*Montjardin*. Montjardin, fief avec justice et la Châtonnière, aux enfants de Millot de Montjardin, mort en 1740. La Châtonnière relevait de Nevers à cause de la châtellenie de Cercy. On prétendait aussi que Montjardin devait relever de Nevers.

*Mont-en-Bazois*. La terre du Mont-en-Bazois, maison seigneuriale et seigneurie de Marré, à Guillaume-Jacques de Fourvières, baron de Quincy (uni à Marré).

*Montagne (la)*. La terre, justice et château de la Montagne relève de Châtillon pour trois portions. Les deux autres relèvent du duché. Acte Guillier, notaire à Moulins-Engilbert, 23 juillet 1745. Seigneur, Sallonnyer de Montbaron.

*Marré*. Voir plus haut Mont-en-Bazois. (Terre, justice et seigneurie.)

*Marzilly* (Marcilly), paroisse de Cervon. Fief, justice, seigneurie et château de Marcilly et Marry, à l'abbé de Megrigny.

*Motte-Pasluau*, paroisse de Brinay.

*Mont-sur-Aron*, paroisse de Limanton, fief de l'abbaye de Bellevaux.

*Mont-de-Dienne*. Fief et justice du Mont-de-Dienne (autrement appelé Vaujolly). Foi et hommage du 30 septembre 1723, reçu Barleuf, notaire à Decize. Dénombrements des 30 décembre 1723 et 4 janvier 1724. Un quart à M. de Romenay, qui a acquis de Virgille le 23 décembre 1679; trois à Prevost de Périgny, élu à Nevers, qui a acquis de Jean-Pierre de Vaujoly par acte reçu Montchanin, notaire à Issy-l'Evêque, du 8 juillet 1725.

*Marot*. Marguereau, paroisse de Limanton, au comte de Bar.

*Mussy*. Les fiefs de basse justice de Moussy, basse justice de la Croix-aux-Chèvres et le moulin de Novelois ou Vaucloix, paroisse de Cervon, à l'abbé de Mégrigny.

*Mont-de-Césilly*. (Mont-de-Cizely.)

*Motte-de-la-Paresse*.

*Mourry*.

*Metz-du-Crot*.

*Meulot,* paroisse de Ville-les-Anlezy.

*Narlou.*

*Nérondes,* paroisse de Reugny.

*Ougny.* Terre de Rigny, justice et seigneurie, château d'Ougny, et les fiefs de Laleu, Richardot et dépendances, aux enfants Save d'Ougny, franc-alleu noble, relève de la Tour pour la justice. Dénombrement de Rigny à Châtillon du 16 mai 1722, reçu Debersac, notaire à Aunay. (Voir à Saint-Pierre.)

*Oulon,* paroisse d'Oulon, à l'hôpital de Saint-Didier de Nevers.

*Aunay* (pour certaines parties).

*Pontaix* (Pontois), paroisse d'Anlezy, au comte d'Anlezy.

*Précy,* paroisse de Bona.

*Panneceau,* paroisse d'Anizy, à M. de Leuville.

*Pont,* paroisse d'Alluy. (Extrait des registres du Conseil d'Etat du 1er août 1775.

*Perranges,* paroisse de Rouy.

*Prémoisson,* paroisse de Rouy, vassal de la Boube.

*Présenay* (Porcenay), paroisse de Mont-et-Marré. (Extrait des registres du Conseil d'Etat du 1er août 1775.)

*Palvaux* (Palluau), paroisse de Brinay.

*La Roche-en-Bazois,* paroisse d'Achun. Seigneur, M^me de Mun, épouse de Le Bault de Langy. (Voir à Chauvance plus haut.)

*Rouy,* au marquis de Pracomptal. Terre, justice et château de Rouy et Vesvres; fiefs et justices de Chatenay-les-Creuilles, Cordas, la Barre, Garenne, du Bois-des-Humes et du Creuset; fief et justice du Chazeault, fief de Bussière, Joye, moulin, étang de Rouy. Foi au duché du 26 avril 1775.

*Reugny,* paroisse de Reugny, justice et seigneurie au comte d'Anlezy. D'après le relevé des fiefs de 1745, relève de la tour quarrée de Saint-Pierre pour la part de Joux.

*Riperoux,* paroisse de Maingot. Les fiefs du Chagnot et Ripperoux, à Pernin.

*Semelins*, paroisse de Maingot, à MM. de Loudun et de Montifaut (1).

*Sansbiens.*

*Sesilly* (Cizely) pour partie.

*Sauvin*, paroisse de La Collancelle, au comte de Crux.

*Savenne* (Savenay), paroisse d'Aunay.

*Tronsol* (Tressolles), paroisse de Cervon, le comte d'Aunay.

*Torigny* (Trougny). Terre, justice et château de Trougny, paroisse de Saxi, à Desulmes de Montiffaut.

*Touteuille*, paroisse de Tintury. Le fief de Touteuille, justice moyenne et basse. Terrier et dixmes (relève de la terre de Fleury-la-Tour) à Guy-Bernard Regnault, contrôleur ordinaire des guerres.

*Varenne* (*la*), paroisse de Marré, à M. du Verne.

*Vaux*, paroisse de La Collancelle. La terre de Vaux, justice, seigneurie et château, s'étendant sur Bazolles, à Silvie-Angélique Andraut, épouse de Claude de Thiars.

*Villecourt*, paroisse de Biches, à Souchon, avocat à Moulins-Engilbert.

*Vespres*, paroisse de Rouy, M. de Pracomptal.

*Ville-les-Anlezy.*

*Vaujoly*, paroisse de Diennes. Vaujoly, fief et justice, relève de Châtillon. Hommage du 3 septembre 1723. (La terre de Vaujoly relève en plein fief de Châtillon et non de Saint-Pierre. Procédure de 1744.)

*Verigny* (Varigny), paroisse d'Achun, fief et justice. Foi et hommage pour partie, 29 octobre 1698, reçu François,

_____

(1) Il existait plusieurs fiefs appelés Semelin ou Semelain :

1° Semelin-Dessus et Semelin-Dessous, près Chevannes-Gazeau ;

2° Semelain, relevant de Châtillon ci-dessus indiqué (sans justice) ;

3° Semelin et Aponge, foi et hommage à Châtillon du 7 mars 1722, reçu Frachot, notaire à Saint-Saulge, du 7 mars 1722, et dénombrement reçu Dubersac, notaire à Aunay, du 16 mai 1722, aux enfants Save (sans justice).

notaire à Achun. L'autre partie relève d'Espeuilles. Foi et hommage reçu Coquille, notaire, 18 juin 1735. Acquis par le marquis Pierre de Saint-Remy de Boullé, bourgeois de Paris, le 28 juin 1736.

*Vausin ou Vaussière* (1).

### ARRIÈRE-FIEFS SOUS FRASNAY.

*Morleaux*, paroisse de Frasnay-le-Ravier, à Pierre de Frasnay. Foi et hommage reçu Robin, notaire à Châtillon, 29 août 1723.

*La Motte-Jailly, Amange, la Chouet.*

*Cizely.* Seigneurie et justice de Cizely ; relève de Billy, d'après le relevé des fiefs de 1745. Dénombrement reçu Giverdy, notaire à Saint-Saulge, 14 mars 1409, 14 mai 1429, 29 juillet 1722. Seigneur, le marquis de Rémilly.

### ARRIÈRE-FIEFS SOUS JAILLY.

Seigneurie et château de Jailly, relevant de la châtellenie de Savigny-Poil-Fol. Dénombrement reçu Commault, notaire, 9 octobre 1608. Thomas et Jean Duverne, seigneurs.

*Giverdy, Plessis, Gavard.*

(1) Nous ne voyons pas figurer aux assises les justices ci-après, attachées cependant à des fiefs relevant de Châtillon, d'après le dénombrement de cette terre du 14 avril 1735 :

1° La moyenne et basse justice de *Pouilly*, à de Bréchard. Foi et hommage du 25 juillet 1740, reçu Senemaud, notaire à Châtillon. Depuis 1701, Pouilly était uni à Brinay comme paroisse; or, Brinay, comme justice, relevait de Saint-Pierre;

2° La terre, justice et seigneurie du Vieux-Chaillou et de Montpeyroux, à Jean-Jacques-Pierre de Saint-Cy (Montpeyroux était vassal de Château-Chinon), paroisse de Saint-Cy-Fertrève;

3° Fief et justice de Fraigne, paroisse de Mont-et-Marré, à Louis-François et Laurent Alloury;

4° Terre, justice et seigneurie de Fleury-la-Tour, relevant d'Anlezy, arrière-fief de Châtillon. Foi et hommage reçu Gresset, notaire à Decize, du 20 mars 1727.

ARRIÈRE-FIEF SOUS MONTAPAS.

*La Motte-Chemisy-les-Aunay*. Le fief de la Motte-Chamisy, arrière-fief du duc de Nivernais, relevait en plein fief d'Espeuilles. Dénombrement fourni à la Chambre des comptes de Nevers le 14 mars 1781 par Antoine-Louis François Viel de Lunas. Cependant, 30 octobre 1609, foi et hommage à Saint-Pierre. — 24 novembre 1765, foi pour la Motte-Chamizy, Drouin et Marigny, par Jean-Charles de Mégrigny, seigneur d'Aunay, à la marquise de Saint-Rémy. — 16 novembre 1789, dénombrement pour ces trois fiefs par Charles-Louis-David Lepelletier, seigneur d'Aunay, au marquis d'Espeuilles.

## CHATELLENIE DE MONTENOISON.

*Montenoison et Chapelle-d'Aubigny*. La châtellenie s'étend sur la paroisse de Lurcy-le-Châtel et sur celle d'Assard.

*Arthel*, près Montenoison, à la famille Fournier de Quincy. Le dernier seigneur fut Pierre-François Fournier, comte de Quincy.

*Autioux et Vassy*, près Arzembouy, à la famille de La Rivière.

*Arzembouy*, à la famille de Choiseul.

*Moyenne et basse justice d'Archelay*, paroisse de Nolay. Moyenne et basse justice de Beaulieu, à la famille de La Chaume.

*Beaumont-la-Ferrière*. Siége de l'ancienne seigneurie de Grenant, achetée le 2 janvier 1783 par M. Babaud de La Chaussade.

*Moyenne et basse justice de la Brosse*, paroisse de Chevannes.

*Boulon*. Le fief et château de Boulon, paroisse de Lurcy-le-Bourg, et le fief de Ligny, à Pierre-René de Charry de Curty.

*Busseau-Censenay* (Sancenay). Terres, justice, seigneurie et château de Moussy et de Busseaux, au marquis de Pracomptal. Moussy relève du duché. Dénombrement du 20 juillet 1699, reçu Gautron ; autres des 4 février et 9 mars 1703. (Busseau relève du roi ; foi du 2 août 1687 par Henri d'Armes.)

*Brinon-les-Allemands et Bussy.* Seigneur, Louis-Pierre de Jaucourt, baron d'Huban, seigneur de Brinon, Asnan.

*Moyenne et basse justice de Boisrouault.*

*Bizy*, paroisse de Parigny-les-Vaux, vassal de Grenant.

*Corvol-d'Embernard*, formant deux seigneuries et deux justices entre les mains de Fremin (1716). Aux de Lardemelle.

*Chazeuil.* Chazeuil-Lavault, vassal de Corvol-d'Embernard. Lieu-dit Moinbrence. Acquis par Gestat, de Varzy, le 24 janvier 1788. Foi et hommage à la Chambre des comptes de Nevers du 12 avril 1788.

*Champlin*, aux de Veilhan.

*Chamerouse.*

*Chevanne-sous-Montenoison*, paroisse de Chevannes. (Les paroisses de Chevannes, de Treigny, de Changy ont été réunies et forment aujourd'hui la paroisse de Chevannes-Changy.) Changy était un fief aux Girard de Vannes, Treigny. (Voir plus loin à ce nom.)

*Champodon*, paroisse de Balleray.

*Lupy*, paroisse de Balleray.

*Fourvielle*, paroisse de Saint-Benin-d'Azy. Foi et hommage du 14 février 1701. Dénombrement du 14 juin 1721. Seigneur, de Charry de Fourviel.

*Grenant*, paroisse de Beaumont-la-Ferrière.

*Giverdy* (Giverdre), paroisse. Pour partie, dénombrement donné par Catherine-Françoise Millon de Montjardin, veuve de Laurent du Verne, du fief, avec haute, moyenne et basse justice de Giverdy, devant Godin, notaire à Saint-Saulge, 23 septembre 1780, pour autre partie. Terre, justice et château, à Louis-Antoine Rapine.

*Giry et Gipy*, paroisse de Giry, aux de Beauveau.

*Lurcy-le-Bourg.* Terre, justice et seigneurie de Lurcy et le Châtel, à Pierre-René de Charry de Lurcy ; dénombrement à l'évêché de Nevers du 12 février 1637. Aveu du 2 juillet 1703.

*Michaugues.* Haute, moyenne et basse justice, ayant pour seigneur de Jaucourt, baron d'Huban, seigneur de Brinon, Courcelles, Neuville, Michaugues, etc.

*Montigny-Giry*, paroisse de Giry, mentionnée par Marolles.

*Mongaçon*, paroisse de Saint-Franchy. Terre, justice et château. Dénombrement au duché du 4 juillet 1732 à Charles-Nicolas Desprès de Bligny. Dénombrement devant Grignard, notaire à Champallement, 20 mai 1731.

*Marcy-les-Varzy, Parigny-la-Rose et Vertenay.*

*Le Marais, près Lurcy.* La terre, justice, seigneurie et château des Marets, à la dame Claude de Monceau, veuve de Jean François, marquis de Bonneval ; cette dame avait acquis cette terre par acte reçu de Sambon, notaire à Paris, le 19 avril 1714. Claude Alexandre, comte de Bonneval, son fils, étant décédé en Turquie, en mars 1747, César Phœbus, marquis de Bonneval, son neveu, héritier à cause de l'absence de son oncle, s'était mis en possession par sentence du Châtelet de Paris du 13 décembre 1730. Acte, en conséquence, reçu par Gentil, notaire à Nevers, le 6 mars 1731. François de Saulieu de Remeron acquit des créanciers de Bonneval, par adjudication devant Dubois, notaire à Paris, le 13 mai 1753. Dénombrements du 4 décembre 1687 et du 29 juillet 1717 reçu par Dugué, notaire à Saint-Benin. Le fief et justice du Marais, à la part de Vigne ou de la Chaumonnerie, relève du duché, suivant dénombrement reçu Michot (La Ronde), notaire à Lurcy, 17 mai 1751.

*Nolai.* Les terres, justice et seigneuries de Nollay et château de Prunevaux (marquisat), à Leroi de Pruneveaux. Dénombrement du 14 novembre 1764 de la terre et marquisat de Prunevaux, haute, moyenne et basse justice, devant Goussot, notaire à Nevers.

*Oulon et le Tremblay.* Les terres d'Oullon et Marolles. Oullon relève de Nevers, acte reçu Rondeau, du 22 avril 1735 (quittance). L'hôtel-Dieu de Nevers acquéreur par acte reçu Rondeau, du 14 mai 1708. Marolles relève de Giry. Le Tremblai, paroisse d'Oulon, lieu détruit, mentionné par Marolles (1323).

*Parèle,* paroisse de Nolay.

*Pruneveaux.* Voir Nolay.

*Rosay,* paroisse d'Arzembouy. Le dernier seigneur fut Regnault-César-Louis de Choiseul, duc de Praslin.

*Soffin,* paroisse d'Authiou.

*Saint-Franchy-en-Achères.* La terre, justice, seigneurie et château de Saint-Franchy et Sancy, à de Remigny, marquis de Joux. Dénombrement reçu Devoucoux, notaire à Billy, le 8 septembre 1732.

*Sainte-Marie-de-Flageolle.* Dénombrement de la terre de Sainte-Marie, haute, moyenne et basse justice, par Claude-François Rapine de Sainte-Marie, devant Godin, le 18 mars 1778.

*Saint-Benin-des-Bois.* La terre, justice, château, seigneurie de Saint-Benin-des-Bois relève de Nevers, suivant l'aveu du 13 août 1701, reçu Duguet, notaire à Saint-Benin. Dénombrement ancien du 9 janvier 1652 ; seigneur, le marquis de Remigny.

*Sancy,* à la part de Mingot.

*Sauvage,* paroisse de Beaumont-la-Ferrière. Foi et hommage du 18 juin 1788. Chaillou acheta Sauvage de M. de Neuchèze le 30 avril 1788.

*Sangué.* Les fiefs et justices de Maré, de Villeneuve et Sanguier relèvent de Nevers, suivant dénombrement reçu Desmolins, du 2 juillet 1703. Seigneur, de Charry de Lucy.

*Treigny,* paroisse de Chevannes-Changy. La famille Merigot, donataire de Jean-Gabriel Bonnemain, seigneur de

Treigny. Saisie féodale du 25 juin 1686. Le procureur du roi soutient que partie de Treigny, provenant de Pierre Moireau, prévôt de Tannay, et la justice démembrée de celle de Montenoison, en 1563, sont de la mouvance de Saint-Pierre. Seigneur en 1789, Charles Andras de Marcy.

*Thouex*, paroisse de Champlemy. (Voir à Saint-Pierre.)

*Ternant*, paroisse d'Alligny. Mentionné en 1689. Registre des fiefs, par M. de Soultrait.

*Varenne*. Mentionné à la même date.

*Vesvre*. Le fief et justice de Vesvre, paroisse de Guipy, aliénation de Saint-Léonard de Corbigny, relève de Saint-Pierre ; à Philbert Danguy de Montreuillon.

ARRIÈRE-FIEFS SOUS CORVOL.

*La Trau*, Saint-Gremange, Revaut, Villaine, la Nouée et la Motte-de-la-Nouée.

ARRIÈRE-FIEFS SOUS GRENANT.

*Chaillaut, Bois-Boulon.*

*La Forest.*

*Marcy.*

*Murlin, Montifault.* Du 4 février 1785, foi et hommage du fief, justice, terre et seigneurie de Montifaut, paroisse de Murlin, fait par Etienne-Nazaire Girard de Montifaut à Babaud, seigneur de Beaumont, devant Gounot, notaire à Nevers, 4 février 1785.

*Maupertuis.*

*Poissons*, paroisse de Rigny. Les fief, justice et château de Poisson et Chaillaut à M. de Chéry. (Relève de l'évêché de Nevers, suivant dénombrement de 1630.)

*Sichamp*, aux de Lavenne.

*Verugles*, paroisse de Poiseux.

*Vernay*, paroisse de Poiseux.

ARRIÈRE-FIEFS SOUS MARCY.

*Cœurs,* paroisse de Marcy.
*Bronceau* (le Bronceaul).

ARRIÈRE-FIEF SOUS ROSAY.

*Arzembouy.*

ARRIÈRE-FIEF SOUS SAUVAGE.

*Choulot*, paroisse de Beaumont-la-Ferrière. Le dernier seigneur fut Jacques-Florimond de La Venne.

CHATELLENIE DE CHAMPALLEMENT.

*Champallement*, châtellenie des comtes de Nevers depuis 1500, comprenait la paroisse de Neuilly.

*Olcy ou Oly*, paroisse de Neuilly. Fief, justice et château d'Olly, à Gabriel et Joseph de La Veyne ; foi et hommage reçu par Grignard, notaire à Champallement, le 21 avril 1731.

*Saxi-Bourdon.* Les terre et justice de Saxi et château de Pontillard, Latenon et Précy, à Henri-François Rapine de Saxi.

CHATELLENIE DE MONCEAULT-LE-COMTE.

*Monceault.*

*Ampury* (Empury). La paroisse d'Empury se partageait entre la baronnie de Saint-Martin-du-Puy, de laquelle dépendait Neuchères, la Brosse et le moulin Demain, et la seigneurie de Brugny. Deux maisons, à titre d'enclave, relevaient, par la justice haute, moyenne et basse, de la baronnie de Bazoches. Ce fief fut échangé, le 9 avril 1768, entre le comte de Bourbon-Busset et Angran d'Alleray pour une partie de Champignolles.

*Blanay*. Mentionné par M. de Soultrait. (1689. Registre des fiefs.)

*Breugny* (Brugny). La seigneurie se composait de Chaumois, la Coche, Empury en partie. Seigneur, de Bourbon-Busset.

*Les Berdos.*

Bazoches, Neuffontaines et dépendances. (Voir à Saint-Pierre, au nom Bazoches.) Seigneur, Denis-François Angran d'Alleray.

*Domecy-sur-Cure.* Seigneur, Marie-Angélique-Catherine d'Arlus, épouse d'Angran d'Alleray. (Voir à Saint-Pierre, au mot Bazoches.)

*Bouchet*, paroisse de Nuars. Seigneurie, justice et ancien château en ruines, à la famille Langlois.

*Bouquin-Chaumot (le).* Terre, justice et seigneurie du Bouquin, paroisse de Chaumot-sur-Yonne, à Gabriel de Bonny. Relève de Château-Chinon, suivant foi et hommage du 5 septembre 1617.

*Beaumont*, paroisse de Guipy.

*Chasseigne*, paroisse d'Anthien.

*Cervon.* Le chapitre était en partie seigneur haut-justicier du bourg. La seigneurie de Cervon, ayant pour siége la Mothe-de-Cervon, appartenait, en 1789, au comte d'Aunay. Donc, haute justice relevant de Saint-Pierre et de Nevers.

*Champteloup*, paroisse de Guipy, à Charles Girard de Prémery.

*Challement et Challementeau.* Aux de La Ferté-Meun.

*Congy* (Cungy), paroisse de Challement. Même seigneur que Challement.

*Chitry-la-Mine.* Chitry-la-Mine et dime de Germenay. Nicolas de Changy, comte de Roussillon, tuteur de Michel de Changy, son fils, héritier d'Isabelle de Rochefort, sa mère. Sur la saisie féodale, M. de Changy a rapporté un hommage du 29 juillet 1677 et un aveu du 16 juillet 1472, au duc de Nevers, pour le fief de Chitry, et au comte de Château-Chinon pour la dîme de Germenay.

*Chitry-sous-Monsabol*, paroisse de Neuffontaines. Vassal du Bouchet.

*Chatelux* (Chatellux-sur-Cure). En 1766, Louis XV réunit au bailliage toutes les justices du comté et les enleva à la juridiction d'Avallon et de Saint-Pierre-le-Moûtier pour les faire ressortir soit au Parlement de Dijon, soit au Parlement de Paris : au Parlement de Dijon pour la partie de la seigneurie étant en Bourgogne, au Parlement de Paris pour la partie étant en Nivernais. Le ressort du bailliage s'étendait sur Chatelux, Quarré-les-Tombes, Marigny-l'Eglise, Saint-André et Saint-Germain-des-Champs. Seigneur, le comte de Chatelux.

*Marigny-l'Eglise.* Justice unie, par ordonnance de 1766, à celle de Chastellux ; soustraite ainsi à Saint-Pierre pour ressortir au Parlement de Dijon. Seigneur, le comte de Chatelux.

*Gueuzon*, paroisse de Marigny-l'Eglise.

*Sillache.*

*Vernois* (le), paroisse de Dun-les-Places.

*Champ-d'Athées*, paroisse de Saint-André-en-Morvand Athée se divisait entre les seigneurs de Chatellux, de Brugny, de Bazoches et l'abbé de Cure ; tous avaient haute justice mouvant de Chatellux. Seigneur, de Bourbon-Busset.

*Courotte* (Ville-de-Courotte), paroisse de Marigny-l'Eglise.

*Abbaye de Chort* (Cure). Seigneur, l'abbé. Justice haute, moyenne et basse.

*Champignoles*, paroisse de Bazoches. Formait deux fiefs mouvant en toute justice de Chatellux : première partie, à Angran d'Alleray ; deuxième partie, seigneur Pierre Millereau.

*Champeroux, Domecy-sur-Cors.*

*Forges.*

*Grenois.*

*Lys-Courty.* Seigneur, de Bèze.

*Grange-d'Armance.* 1689. Registre des fiefs cité par M. de Soultrait.

*Moisy ou Moussy.* Moissy-Moulinot ou Moucy-Moulinot. Il y a aussi le fief et basse justice de Moussy, paroisse de Cervon, aux héritiers de l'abbé de Mégrigny.

*Melaus* (Melaux ou Mulot).

*Moucheraux.*

*La Rue-Cheneau* (ou Chenot, près Chatelux).

*Corottes.*

*Lormes à la part de Châlon.* La baronnie de Lormes fut partagée en 1355 entre Gauthier IV de Briennes, duc d'Athènes, et Jean III de Châlons. Lormes forma dès-lors deux seigneuries avec titre de baronnie : l'une fut Lormes-Château-Chinon, annexée à la seigneurie de Château-Chinon ; l'autre fut Lormes-Châlons, qui resta dans la mouvance de Nevers.

*Maisonneuve-de-Brugny* (Breugny).

*Metz-Richard.*

*Marcy-les-Léonard, près Chaumot.*

*Marigny et Savigny-sur-Yonne* (Sauvigny), paroisse de Marigny.

*Moussy-Moulinot.*

*Monsabot,* paroisse de Neuffontaines.

*Nuerre ou Nuars.* Seigneur, François de Sauvage.

*Precy-Prisy.*

*Pont-Saint-Didier.*

*Seuvre* (Seurre). Mentionné au registre des fiefs de 1689, cité par M. de Soultrait.

*Moyenne et basse justice de Pouilly.* (Pouilly, près Vézelay.)

*Pri-sur-Yonne.*

*Reconfort* (abbaye), paroisse de Saizy.

*Renoux,* aux mêmes seigneurs que Challement.

*La Roche.*

*Rivière-d'Yonne.*

*Saisy,* paroisse de Saisy.

*Saint-Gremange et Paʒy*. Dernier seigneur, Philippe-Anne de Gannay.

*Surionne*.

*Saint-Léonard-les-Corbigny*.

*Tannay*. André-Jacques-Jean-Népomucène de Ber, dernier seigneur de Tannay et de Vèvre, en fief de Tannay. (Voir Lecousse, *Ordonnances des rois de France*, t. VI, en ce qui concerne la justice de Tannay.)

*Vincelles*. Mentionné en 1689 au registre des fiefs cité par M. de Soultrait.

*Vignol*.

### ARRIÈRE-FIEFS SOUS CHATELUX.

*Mont et Mons*.

*La Motte-de-Marignv* (Mont-de-Marigny). En 1650, ce fief appartenait au comte de Bourbon-Busset, dont la mère, Louise de Montmorillon, l'avait acquis de Paul de Rémigny, baron de Joux.

*La Tour-du-Mont*, paroisse de Marigny. A dû faire partie de la terre de Marigny. En 1457, ce fief appartenait à Agnès Boillaigne, femme de Jean Tillaye, et à son oncle, Ugues Boillaigne.

*Villecour*.

*Veʒigneux* (1). Terres, justice et château de Razon, Mallerin et Montceluy, dépendant de Vezigneux. Le dernier seigneur féodal fut François-Louis Antoine, comte de Bourbon-Busset.

*Champagne*.

---

(1) Ne figure pas ici Mazigne ou Mazinien, paroisse de Marigny-l'Eglise. Mazinien se composait de Mazinien-Contaule, Mazinien-Buffet, Montloué. Le premier dépendait de la baronnie de Lormes-Châlons, suivant foi et hommage du 18 décembre 1617; le deuxième, du comte de Château-Chinon, et le troisième, de celui de Chatellux. La justice de Mazinien-le-Buffet s'étendait sur Dun en partie, Saint-Marc, le Meix-de-Brassy. Seigneur, de Bourbon-Busset.

*Champignolles.* Le dernier seigneur féodal fut Denis-François Angran d'Alleray, seigneur de Bazoches.

*Barges* (ou Berges). Ce fief était réuni à la terre de Vesigneux.

*Chassy.* En 1723, ce fief appartenait à Louis-Gilles Lemaistre, marquis de Ferrières, conseiller au Parlement de Dijon, du chef de sa mère, Catherine-Françoise Jolly.

*Chalaux* (et Meix-de-Chalaux et l'Hâte-de-Chalaux, la Vernée, Moncoreau). Dénombrement du 9 mars 1779, au comte de Chatellus.

*Athée.* Paraît avoir été réuni à Vesigneux ; une partie en est déclarée dans le dénombrement fourni le 9 mars 1779, au comte de Chatellus.

*Saint-André-en-Morvand.* Cette paroisse était partagée entre Chastellux et Vesigneux ; les Bourbon-Busset tenaient les fiefs de Saint-André, Villurbin, la Grange-Loiselot.

*Railly.* Ce fief appartenait, en 1766, à Nicolas Chauveau, et en 1789 à Louis Morot de Grésigny.

*Ville-Urbain.* Réuni à Vesigneux.

*Ruère.* Appartenait à la famille de Saint-Maur en 1789.

*Salvery.*

*Vieillard* (semble être Velars), paroisse de Quarré-les-Tombes, appartenant, en 1789, à la famille Robert de Chevannes ou Villars, paroisse de Domecy-sur-Cure.

*Urbigny.* Réuni à Chatellux.

*Culêtre.* Réuni à la terre de Domecy-sur-Cure, dont Angran d'Alleray était seigneur en 1789.

*La Rochebuteau.* En 1478, ce fief appartenait à Claude du Bled, seigneur du Bouchet, et fut réuni à Vesigneux en 1520.

*Esplois.*

ARRIÈRE-FIEFS SOUS LORMES-CHALONS.

*Achon* (Echon), commune d'Anthien, moitié à Bezou de Corbigny, à cause de sa femme ; moitié à M$^{me}$ de Courcelles. Hommage à Lormes des 28 octobre 1617 et 8 mars 1618.

*Bailly*. Foi et hommage de cette terre par François Guillemain du Pavillon au seigneur de Château-Chinon, devant ses officiers, le 8 juillet 1777.

*Les Aubus.*

*Colmory.*

*Colon.*

*Cuzy*. Terre, justice et seigneurie de Cuzy, et la Cendre, paroisse de Cervon, à M^me de La Courcelles. Foi et hommage à la terre de Lormes du 8 mars 1618.

*Certaines,* paroisse de Cervon. La terre, justice et seigneurie de Certaines relève de Lormes, suivant foi et hommage des 24 août et 20 septembre 1617, à Pierre-Antoine de Mégrigny, abbé de Cervon; puis Jean-Charles de Mégrigny.

*Crost-d'Achun.*

*Cervon.*

*Crezelles.*

*La Chaume,* paroisse de Cervon. Terre, justice et seigneurie de la Chaume, et la basse justice et seigneurie de Précy. La Chaume relève de Lormes. Foi et hommage du 3 février 1618. Précy, de Châtillon, à Jean-Charles de Mégrigny.

*Chemin.* Terre, justice et seigneurie, relève de Lormes. Foi et hommage du 24 août 1617. Seigneur, le comte de Choiseul. Foi du 11 février 1778 par le duc de Praslin au comte de Château-Chinon, à cause de la Tour-Bourbon, à Lormes, acte reçu Gudin.

*Dratilly.*

*Guenouillère* (la Grénouillière), paroisse d'Appiry. Fief relevant de Lormes, suivant le dénombrement du 2 septembre 1683, Grosjean, notaire. Foi et hommage à la seigneurie de Coullon, devant Guyot, notaire, en 1529, et dénombrement devant Semelé en 1624. Seigneur, Sébastien de Blosset de Certaine.

*La Grange-Fertrève.*

*Fortfontaine.*

*Montbaron.*

*La Motte-Bachouesse.*

*Mhers.*

*Montbaron-le-Sauvage.* Foi et hommage de la terre, justice et seigneurie de Montbaron par Tépénier de Montbaron, devant les officiers de Château-Chinon, du 7 juillet 1777. Dans le relevé des justices relevant de Saint-Pierre, Bonamour du Tartre est porté comme seigneur, mais n'était que mandataire de Tépénier. La terre, justice et seigneurie de Montbaron, paroisse de Cervon, relevait en commun de la terre de Lormes et de celle de Château-Chinon, suivant foi et hommage du 25 juin 1619. Montbaron est aussi compris comme arrière-fief dans le dénombrement de Châtillon du 14 avril 1735.

*Ponteau.* Le Pontot, Mhère, Retoulle et dépendances, fiefs communs de Lormes à la part de Château-Chinon et de Lormes à la part de Chalon. Promesse de foi et hommage du 5 juillet 1675. Procès pour la mouvance. Aveu, dénombrement d'août 1676. D'autre part, terre, justice, seigneurie et château du Pontot, relevant de Châtillon, d'après la liste de fiefs de 1745. Puis justice du Pontot, relevant de Saint-Pierre, à M^mo de Bretagne. Autre aveu du 5 juillet 1777 fait par Paris au comte de Châtau-Chinon.

*Ruères.* Terre, justice, seigneurie et château de Ruères, à M^mo de Bretagne.

*Etoulle.*

*Razure.*

*Saint-Sanizot.*

*Taveneau*, paroisse de Mouron. La terre, justice et seigneurie de Taveneau relève de Lormes, suivant foi et hommage du 24 août 1617 et un dénombrement reçu par Pellé, notaire, le 17 août 1682. — Est aussi porté comme arrière-fief de Châtillon, dénombrement du 14 avril 1785. — La haute justice est aussi portée comme relevant de Saint-Léonard de Corbigny. Seigneur, Jeanne-Françoise Henriet, épouse de François-Xavier de Monthelon. Foi du 4 juillet 1775.

*Vauclois.*

*Valotte.*

*Vielmoulins,* paroisse d'Anthien. La terre, justice et seigneurie de Villemolin relève de Lormes; foi et hommage des 29 décembre 1617 et 8 janvier 1618 à la dame de Lenferna, veuve de Certaines.

*Asson.*

<h3 style="text-align:center">ARRIÈRE-FIEFS DE PIERRE-PERTUIS.</h3>

Pierre-Pertuys fut disputé par Nevers et Saint-Pierre. En 1597, Henriette, duchesse de Nevers, plaidait contre les magistrats de Saint-Pierre, qui avaient fait saisir Pierre-Pertuys et Saint-Léonard, en raison « de cette entreprise de juridiction ». Seigneur, Angran d'Alleray.

*Maison-de-Bazoches.*

*Chalveron* (Chalvron), paroisse de Saint-Aubin-des-Chaumes.

*Anglois.*

*Chazelle,* paroisse de Marigny-sur-Yonne.

*Chevency.*

*Lugny* (Leugny, près Toucy).

*Motte-Saint-Thibault,* paroisse de Nuars, à François de Sauvage.

*Neuffontaines* (ancienne châtellenie réunie à Monceaux-le-Comte).

*Poilly,* paroisse de Fontenay-sous-Vezelay.

<h3 style="text-align:center">CHATELLENIE DE METZ-LE-COMTE.</h3>

*Metz,* au duc de Nevers.

*Asnan.* Paroisse d'Asnan ou de Saint-Saulge, appartenait aux héritiers d'Espeuilles. Est compris dans l'état des fiefs de Saint-Pierre, mais en fait était du bailliage ducal. Aveu devant Drohin, notaire, du 15 mars 1547, fourni par Jaubert de La Platière, seigneur d'Asnan. (1540, hommage rendu au duché par François de Damas.)

*Brèves-Prépartoir.* Erigé en comté en 1635 pour la famill<sup>e</sup> Savary.

*Moyenne et basse justice de Champagne*, paroisse de Metz (Champagne-sous-Mhères), aux Saulnier du Follet.

*Moyenne et basse justice d'Asnois.*

*La Grange-des-Roteaux.*

*Moulin de la Forge.*

*Sardy-les-Forges*, paroisse de Brèves.

ARRIÈRE-FIEF SOUS ASNAN.

*Huban.* Seigneur, de Jaucourt.

CHATELLENIE DE CLAMECY.

*Clamecy et Surgy.* En premier lieu, il existait un prévôt à Clamecy, dont les sentences par appel étaient jugées par le bailli général du Nivernais, qui venait chaque année y tenir ses assises ou grands jours pour réformer ou confirmer les sentences du châtelain, juge d'appel du prévôt. Plus tard, avec l'institution des trois conseillers pour juger des causes en appel et l'institution des auditeurs des causes de pairie, puis le recours au Parlement, on arrivait à faire subir à certaines causes cinq degrés de juridiction. Depuis l'édit de 1563, il n'y eut plus qu'un juge de première instance, le châtelain nommé par le duc de Nevers.

*Armes.* Seigneur, Aimé-Henri d'Armes, comte de Busseaux.

*Beuvron.* Justice divisée entre plusieurs seigneurs. Pierre-Henri-Ferdinand comte de Charry-Beuvron fut le dernier seigneur de Beuvron.

*Bois-d'Ouagne.*

*Moyenne et basse justice de Vallerau.* Bois-Valerau.

*Breugnon.* Voir plus bas Latrault.

*Baugy*, paroisse de Clamecy.

*Moyenne et basse justice de Chevroche* (anciennement Chevrioche). Dernier seigneur, de Lichy.

*Moyenne et basse justice de Chauffour*. Mentionné par Marolles (1638).

*Champmoreau* (Chammorot, hameau de Ouaigne).

*Moyenne et basse justice de Creux*, paroisse de Villiers-sur-Yonne.

*Moyenne et basse justice de Quincy-sur-Yonne*, paroisse de Villiers-sur-Yonne. Cuncy, Villiers-sur-Yonne, à la comtesse de Chabanne.

*La Trault ou Lattreault*, de la paroisse de Breugnon. Breugnon dépendait du bailliage d'Auxerre, mais Villaine, au marquis d'Argence, et Latrault, étaient du bailliage de Nevers. Breugnon fut représenté à Auxerre lors des élections de 1789.

*Marcilly*, paroisse de Saint-Pierre-du-Mont.

*Moulot*, paroisse de Clamecy.

*Le Ouaigne.* La justice appartenait au duc de Nevers. Champmoreau et le Plessis appartenaient à des petits seigneurs.

*Moyenne et basse justice de Pressure*, paroisse de Clamecy.

*Plessis*, paroisse de Ouaigne, aux comtes de Brèves, achetée en 1789 par M. de Montray.

*Rix*, à Etienne-André-Edme-Siméon Moreau, lieutenant au corps des carabiniers du comte de Provence.

*Sambrèves à la part de Nivernais*, paroisse d'Oisy. Unie pendant un temps à Moulot. Seigneur, Henri de La Bussière.

*Saligny* (Salligny-les-Croix-Rodon), Assenault, Saligny ou Maison-Lasne, terre achetée le 24 mars 1784, par Bouez d'Amazy, de Catherine Tenaille d'Etais. Foi et hommage du 8 juillet 1789.

*Trucy*. Seigneur, le comte d'Ourouër, disparu avant 1789.

*La vicomté Beuvron*, à la famille de Charry.

*Villeprendy* (Villepernay, Villeprenet), paroisse d'Andryes.

*Moyenne et basse justice de Villaine-les-Clamecy*. Voir Latrault plus haut. Foi et hommage par M^me de Cambis, du 24 mars 1786.

*Villiers-sur-Beuvron*, paroisse de Beuvron (1).


### CHATELLENIE DE CHATEAUNEUF-VAL-DE-BARGIS.

*Châteauneuf.*

*Chasnay*, près Arbouse.

*Champlémy*. Seigneur, Charles-Armand-Augustin de Pons, vicomte de Pons.

*Fonfaye*, paroisse de Châteauneuf, à Françoise-Léontine de Prunelé.

*Garchy ou Guarchi*. Du 4 janvier 1768, aveu et dénombrement devant Parent. notaire à Nevers, des fiefs, terre, seigneurie et château de Garchy, Puysac, Vesvres, Montclavin et Mézières, haute et basse justices, par le marquis de Puysegur, à Babaud de La Chaussade, baron de Frasnay-les-Chanoines. Foi et hommage du 2 décembre 1767 par le même au même.

*La Celle-sur-Nièvre.*

*Villaine.*

*Basse justice de Villatte.*

*Varennes-les-Narcy*, près Narcy.

*Narcy, Rue-des-Fourneaux*. Seigneur, Babaud de La Chaussade, acquéreur par acte devant Decolons, notaire à Guérigny, de MM. de Pagany.

*Nanay.*

*Dompierre-sur-Nièvre.*

*Neuville*, au vicomte de Pons.

---

(1) Oisy était sous la dépendance seigneuriale des chanoines de Saint-Étienne d'Auxerre.

*Arbourse.* Les derniers seigneurs furent Marcelin et Balthasar de Roland.

*Montifault.*


### CHATELLENIE DE CHATEL-CENSOIR.


*Châtel-Censoy*, châtellenie ducale (comprenant la Grange-de-Lichères, Lucy, Brosses, Fontenilles et Montillot).

*Lucy.*

*Ausson.*

*Faulin*, successivement aux de Damas, aux Chastellux et aux de Vogué. (Uni à Coulanges-sur-Yonne.)

*Moyenne et basse justice de la Grange-Lichères.*

*Sossay-sur-Yonne.* (Le Saussoy à la famille de Veilhan.)


Les circonscriptions des bailliages n'étaient pas délimitées comme nos circonscriptions judiciaires actuelles. Sur aucuns confins du bailliage du Nivernais les limites précises de c$^e$ bailliage ne sont aussi difficiles à fixer que sur celles du nord. Là, la complication est extrême.

Sept châtellenies relevaient de Donzy, chef-lieu de la baronnie de Donzy, vassale de l'évêché d'Auxerre, érigée en duché en 1660 et réunie au duché de Nevers lorsque, en 1799, Hervé IV, baron de Donzy, devint comte de Nevers; Cosne, Entrains, Saint-Sauveur-en-Puisaye, Corvol-l'Orgueilleux, Billy, Estais, Druye ou Drives.

La Puisaye était la partie extrême des territoires composant le domaine du duc de Nivernais et limitrophe de l'Orléanais et de la Bourgogne. Jadis les appels des sept châtellenies du Donziais et des justices seigneuriales de ce territoire se portaient au bailliage de Donzy, à l'exception des cas royaux, attribués au bailliage d'Auxerre par arrêt du Parlement de 1581, confirmé par un second arrêt du 31 juillet 1597. Le ressort du bailliage royal d'Auxerre s'étendait sur tout le pays compris entre la Loire, l'Yonne et la Cure.

Depuis 1554 le Donziais était mis en demeure d'envoyer les appels de ses causes au bailliage d'Auxerre. Cette injonction donna lieu à des contestations que termina, le 28 juillet 1745, un arrêt du Parlement confirmé sur pourvoi en mars 1747, décidant que le duc de Nevers aurait l'option d'indemniser le bailliage d'Auxerre. Mais l'indemnité n'ayant jamais été réglée, le Donziais demeura du ressort du bailliage d'Auxerre (1).

Vezelay et Châtel-Censoir étaient parties dans ce procès.

On comprend donc pourquoi les juges des justices du Donziais ne figurent pas parmi ceux appelés aux assises de Nevers ; quant à ceux des justices de la châtellenie de Châtel-Censoir, il semble qu'il en eût dû être de même : en

---

(1) Arrêt de la cour du Parlement pour MM. les Officiers du bailliage et présidial d'Auxerre contre messire Philippe-Jules Mazarini Mancini, duc de Nevers, pair de France, chevalier des ordres du roi, gouverneur et lieutenant-général pour Sa Majesté audit pays de Nevers et ancien ressort et enclaves de Saint-Pierre-le-Moûtier, et contre les officiers du bailliage de Donzy, et encore contre le sieur Charles Guillier de Mons, lieutenant-général au bailliage de Nevers.

Cet arrêt « maintient et garde les officiers du bailliage d'Auxerre en la possession de leur droit de ressort et de juridiction sur tous les habitants et justiciers de ladite baronnie, terres et justices en dépendant et qui la composent ; ensemble sur les justiciables de Châtel-Censoy ; fait défense audit de Nevers et à ses officiers de les y troubler et auxdits habitants, sujets et justiciables de se pourvoir ailleurs qu'au bailliage et siége présidial d'Auxerre, savoir : en première instance, pour les cas royaux dont la connaissance est attribuée aux baillis et sénéchaux par les ordonnances, édits et déclarations du roi et arrêts de notre dite cour, et par appel pour tous les autres cas ordinaires, conformément aux ordonnances, sans préjudice audit de Nevers d'indemniser lesdits officiers du bailliage et siége présidial d'Auxerre de la distraction du droit de ressort dans les cas ordinaires, pour après ladite indemnité donnée auxdits officiers, ainsi qu'elle sera arbitrée par notre cour, être l'appel des jugements rendus audit siége de Donzy, Châtel-Censoy et leurs dépendances porté directement en notre dite cour... »

effet, d'après les *Recherches sur l'histoire de Châtel-Censoir*, par M. E. Pallier (*Bulletin de la Société des sciences historiques et naturelles de l'Yonne*, année 1889), les comtes de Nevers avaient réuni dans leurs mains les deux justices de Châtel-Censoir : celle de la châtellenie, celle des chanoines de Châtel-Censoir ; les procès importants, portés dans le principe devant le bailli d'Avallon, plus tard devant celui de Donzy, avec recours par appel d'abord à Saint-Pierre-le-Moûtier, puis à Villeneuve-le-Roi, puis à Sens, étaient, en 1789, soumis en appel à la justice d'Auxerre (1).

D'après l'étude citée plus haut, les justices dépendant de Châtel-Censoir étaient la Grange-de-Lichères, Lucy, Brosses, Fontenilles et Montillot. Les chanoines possédaient le droit de moyenne et basse justice sur leurs terres de Châtel-Censoir, Fontenilles, Brosses, Lucy, Crain et Misery.

Il paraît que les plaideurs de ce pays préféraient être jugés à Sens ou à Villeneuve-le-Roi, malgré l'éloignement

(1) Lors de la rédaction des coutumes de l'Auxerrois (15 juin 1561), le duc de Nivernais et Donziais, seigneur de Châtel-Censoir, fit la protestation suivante :

« Les seigneurs du Nivernais, les sujets, vassaux, manants et habitants des villes de Donziois, ne furent oncques régis par les coutumes d'Auxerre ; ils ont été possédés de toute ancienneté, excédant la mémoire des hommes, par la coutume du Nivernais, imprimée en 1503 à Paris. »

On lui répondit : « Il est notoire que la baronnie de Donziois, ensemble celle de Saint-Verain, Beauche et Château-Sansoy, distinctes et séparées du pays de Donziois, sont du ressort du bailliage d'Auxerre, lesquels, sous correction du conseil du duc, ne sont et n'ont jamais été des enclaves du duché de Nivernais et qu'ils n'ont été possédés qu'à *diversis titulis* ; qu'ils ressortaient du bailly de Sens, en son siége de Villeneuve-le-Roy ; que Charles V et Louis XI, par lettres de Chartres, ordonnèrent que les seigneuries de Saint-Verain et Château-Censoy ressortiraient dudit bailliage d'Auxerre ; qu'on a voulu attribuer le Donziois au siége de Saint-Pierre-le-Moûtier, mais que, par arrêt, il est demeuré au bailliage d'Auxerre. »

de ces justices, parce que les frais judiciaires y étaient bien moins élevés qu'à Auxerre ; c'est un des motifs qui expliquent en partie l'acharnement qu'on déploya pour que les ressorts de Donzy et de Châtel-Censoir ne fussent pas attribués définitivement au bailliage d'Auxerre.

Le duc de Nevers n'avait pas encore abandonné ses prétentions en 1789 ; en effet, les nobles, les prêtres, les villes et les paroisses des territoires contestés furent doublement assignés par les huissiers du bailli de Nevers et par ceux du bailli d'Auxerre à comparaître et à Nevers et à Auxerre pour les élections des députés aux Etats-Généraux : et quand des électeurs du Donziais, « qui était une baronnie mouvante de l'évêché d'Auxerre, ce qui lui ôte tout caractère de pairie » (art. 6 du cahier du tiers-Etat d'Auxerre), se rendirent à Nevers, à Auxerre, on traita le fait de cette convocation « d'entreprise des gens d'affaires de M. le duc de Nivernais ».

Les paroisses du Nivernais qui comparurent à Auxerre furent Annay, Argenon, Arquian, Billy, Bitry, Breugnon, Champlémy, Chastenay-le-Bas, La Chapelle-Saint-André, Menestreau, Menou, Oisy, Parrigny-la-Rose, Saint-Andelain, Saint-Cyr-les-Entrains, Saint-Martin-du-Pré, Saint-Maurice-sur-Ocres.

### MAGISTRATS DU BAILLIAGE ET PRINCIPAUX JUGES.

Le grand bailli d'épée en 1789 était Leroi de Prunevaux ; les officiers du bailliage, MM. Guillier de Mont, lieutenant-général ; Vyau de La Garde, assesseur général ; Bert de La Bussière, lieutenant particulier ; Camuzet et Lempereur de Bissy, conseillers ; Gautier, premier avocat général ; Chaillot de La Chasseigne, procureur général.

Les principaux juges des justices seigneuriales étaient :

Jean-Léonard Perrin, juge d'Azy-le-Vif ; Jacques-Joseph Haly, juge de Beaumont-sur-Sardolles ; Jacques Berger, juge de Chevenon, etc.; Caballe de Vasselange, juge de La Ferté-Langeron ; Etienne Gounot, juge de La Guerche, etc.;

Etienne Morin, juge de Marigny et Jaugenay, etc.; François-Marie Duplessis, juge de Montigny-aux-Amognes; Claude Lévêque, juge de Pouilly ; Massé, juge de Beffes et Patinges; Guillaume Decray, juge de Decize, etc.; Jean Meure, juge de Tannay; Jean Colas, juge de la forêt de Chaulgnes, etc.; Rabion des Fourneaux, juge de Garchy, etc.; François Guillier de Monchamey, juge de Villaine; Mathieu Paillard, juge de Beffes et Mottedon, etc.

### PLAINTES ET DOLÉANCES DU NIVERNAIS AU SUJET DE L'ADMINISTRATION DE LA JUSTICE.

Contre cette ancienne organisation de la justice en Nivernais, des protestations se produisirent avec énergie lors de la rédaction des cahiers pour les Etats-Généraux. Celles faites par l'abbé Gasté, dégagé de tous liens avec la magistrature, dans le cahier de la paroisse d'Asnan, méritent d'être relatées. Il explique que « la paroisse d'Asnan est renfermée dans le ressort du bailliage d'Huban, qui comprend six paroisses de deux lieues de diamètre. Le juge du bailliage d'Huban est encore juge du duc de Nevers et d'autres seigneurs ; il réside à Tannay, chef-lieu de la justice ducale, éloignée de trois lieues de l'extrémité de la justice d'Huban. Il se fait remplacer par des subalternes, qui lui font simplement signer les procédures, de sorte que des actes sont passés à la même heure en des lieux différents ; il multiplie les audiences *extraordinaires*, qui coûtent vingt écus, trois louis, souvent davantage ; il exagère les épices et reçoit des présents ; il y a six procureurs dans la seule paroisse d'Asnan, deux huissiers royaux résidant, deux huissiers du bailliage ducal ; les premiers se font payer à volonté les exploits qu'ils posent ; il y a six notaires : trois royaux, trois ducaux ; le procureur fiscal joint à la négligence dans le maintien de la police des vexations odieuses ; il ne surveille pas les cabarets, au nombre de huit dans la paroisse, qui ne compte que 135 feux ; il accommode les procès moyennant deniers comptants... »

Dans une pétition particulière, la ville de Château-Chinon expose que « le morcellement des terres en Morvand est le germe d'innombrables procès, sommaires à la vérité, mais qui ne peuvent, si modiques soient-ils, être décidés en dernier ressort dans les justices seigneuriales. Il faudrait, à Château-Chinon, créer une justice royale, qui jugerait en dernier ressort jusqu'à concurrence de cent livres. La ville de Château-Chinon proteste aussi contre l'obligation où sont les gens intéressés dans les procès relatifs aux bois destinés pour la provision de Paris : marchands, mouleurs, charretiers, etc., d'aller devant le prévôt des marchands ou le subdélégué de Clamecy : elle demande, en conséquence, une *subdélégation du bureau de l'hôtel de ville*, ou mieux la connaissance de ces affaires spéciales aux juges ordinaires... »

Le cahier contenant les souhaits, plaintes et doléances et propositions des habitants de la ville de Sancoins, dressé le 5 mars 1789, contenait ces vœux : « Simplification des formes de la procédure, afin d'arrêter les longueurs, les subtilités qu'on lui reproche et les frais énormes qu'elle entraîne ..;

» Fixation des degrés de juridiction à deux seulement ; suppression des justices seigneuriales, soit à cause des abus multipliés qui y règnent par l'éloignement des juges et autres officiers que par le peu d'exactitude dans la tenue des audiences et la lenteur dans les jugements des procès, soit par le caractère même de leurs officiers, qui sont alternativement juges, procureurs fiscaux, notaires, procureurs, greffiers et huissiers ;

» Création de siéges royaux dans tous les lieux qui en seront susceptibles, avec un arrondissement convenable et un nombre de juges et officiers relatif, avec pouvoir de juger définitivement et sans appel jusqu'à une somme déterminée en toute matière ;

» Augmentation du pouvoir des présidiaux ;

» Suppression des tribunaux d'exception et d'évocation... »

Nous pourrions multiplier les preuves de ce besoin de
réforme des institutions judiciaires, qui figure après la
réforme fiscale, parmi les vœux les plus souvent répétés dans
les cahiers.

Le droit civil était un chaos, par suite de la diversité des
coutumes et de la complication du régime féodal. La durée
des procès était encore augmentée par la multiplicité des
degrés de juridiction. On a pu calculer que, dans certaines
hypothèses, on était exposé, avant d'aboutir à une décision
définitive, à plaider successivement depuis le bailli seigneurial jusqu'au Parlement de Paris, devant cinq tribunaux,
juges d'appel les uns des autres.

L'administration de la justice présentait, d'autre part,
une confusion extrême par suite du grand nombre de
tribunaux d'exception. Suivant l'appréciation émise en 1788
par le garde des sceaux, chaque espèce d'intérêt avait pour
ainsi dire des juges particuliers (1). A la plupart des services
publics correspondait une juridiction spéciale. Cette division
extrême des attributions judiciaires occasionnait de continuels
débats sur des questions de compétence (2).

(1) Nous remarquons que le vague qu'intentionnellement contenait
la nomenclature des cas royaux avait l'inconvénient de permettre
aussi aux seigneurs de retenir dans beaucoup de circonstances la
connaissance des cas douteux. De là une lutte de compétence acharnée
entre les baillis royaux et eux.

(2) Saint-Pierre réclamait la compétence exclusive dans les matières
ci-après :

1° Toutes affaires quelconques intéressant les églises ou commu-
nautés de fondation royale ou qui ont des lettres de garde gardienne ;

2° Toutes contestations sur la possession des bénéfices. ou sur les
dîmes entre personnes ecclésiastiques ;

3° Toutes contestations relatives à des comptes de fabrique, d'hôpi-
taux ou autres établissements semblables ;

4° Toutes questions concernant l'entérinement des lettres de res-
cision, à moins qu'elles ne fussent incidentes à un procès pendant
devant un juge subalterne, — toutes lettres royales ;

5° L'apposition des scellés, les inventaires des nobles et générale-

La partie la plus détestable de l'ancien système judiciaire était, suivant tous les cahiers, celle des juridictions seigneuriales, multipliées en raison des profits qu'elles procuraient aux seigneurs (1). Les seigneurs avaient conservé le droit de rendre la justice aux populations de leur dépendance par l'intermédiaire d'officiers nommés par eux. Ce droit leur appartenait dans une mesure plus ou moins étendue, d'où la distinction des justices seigneuriales en *hautes, moyennes et basses justices*. La basse justice donnait au juge du seigneur le pouvoir de statuer à peu près dans les limites de la compétence actuelle de nos juges de paix, c'est-à-dire sur les causes civiles de peu d'importance et sur les affaires de police. Les magistrats seigneuriaux étaient le bailli, qui

ment toutes contestations entre gens nobles ou *vivant noblement*, à moins qu'ils ne fussent domiciliés dans l'étendue du ressort du bailliage de Nevers ;

6° Toutes causes où le roi avait quelque intérêt ;

7° Toutes les difficultés au sujet de fiefs tenus par le roi ;

8° Toutes les causes des gens domiciliés sur ses terres.

Les causes de conflit ne manquaient donc pas, en outre des difficultés résultant de la question de savoir à qui appartenait telle ou telle justice.

(1) On parait souvent à cet inconvénient par des réunions de justices.

Un arrêt de la cour de Parlement réunit au bourg d'Arleuf l'exercice de toutes les justices dépendant du marquisat de la Tournelle, à la charge de tenir un registre particulier pour chacune d'elles (7 mars 1787). En vertu de cet arrêt, les suppléants étaient autorisés à faire exercer leurs justices situées dans la même coutume, vu le consentement des officiers ressortissant au même siége royal, c'est-à-dire les justices haute, moyenne et basse de la Tournelle, Boisson, Lancray, Fâchin, Beauregard, Maison-Comte, Arron, Arringette et Ebaugis, dans un seul et même auditoire, qui était établi dans le village d'Arleuf.

La réunion de plusieurs terres dans une même main était aussi une cause d'union des justices. Quand la famille de Villars devint propriétaire en Nivernais, la justice du marquisat de La Nocle, qui relevait auparavant de Bourbon-Lancy, fut unie à celle de Ternant, de Fours, de Coddes, de Champlevois, etc.

remplissait les fonctions de juge, et le procureur fiscal, chargé de l'office du ministère public. Le seigneur nommait aussi le greffier, les procureurs et sergents ou huissiers exerçant près de sa justice, ainsi que le geôlier. Mais bien que son droit de justice fût pour lui la source d'avantages pécuniaires (intérêt des offices, ferme du greffe, bénéfice des amendes), il s'acquittait avec négligence des délégations résultant de sa qualité de justicier. En cas d'appel devant les tribunaux du roi des sentences rendues au criminel par les baillis, il se dispensait de donner suite à l'affaire : c'était évidemment pour s'exonérer de l'avance de frais incombant à la partie publique. De plus, les juges seigneuriaux ne jouissaient pas, comme les magistrats royaux, du bénéfice de l'inamovibilité. Guyot, d'après Loyseau, rapporte qu'un seigneur avait destitué son bailli parce que celui-ci conciliait trop souvent les plaideurs, ce qui avait diminué les produits de la ferme du greffe.

Peu de justices seigneuriales avaient un auditoire décent. Beaucoup manquaient de prisons.

Mais le plus grand défaut des justices seigneuriales consistait en ce qu'elles ne remplissaient pas le but même de leurs institutions. Elles n'assuraient pas un service judiciaire rapide dans les campagnes : c'était la conséquence du nombre infini des juridictions seigneuriales et de l'obligation, très-sage en elle-même, imposée aux seigneurs de n'instituer que des juges présentant certaines conditions de capacité, ce qui restreignait leur choix aux avocats, procureurs et notaires des villes. Evidemment ces magistrats étaient plus préoccupés des affaires de leur clientèle que de leurs fonctions de magistrats, fonctions souvent trop multiples, car il n'était pas rare de voir un avocat cumuler plusieurs charges de bailli ou de procureur fiscal.

Nous avons dit que les limites des diverses justices étaient l'objet de contestations incessantes : souvent le nom de ces justices ne constituait qu'une expression géographique.

Voici comment s'exprime le notaire Godin dans le procès-verbal du 18 octobre 1762, contenant délimitation de la justice de la commanderie de Biches : « Arrivés à un ruisseau qui sort du bois de Vincence et descend contre Ferrière, Mᵉ Rebreget, procureur d'office de la commanderie, m'a déclaré que dans l'intervalle que nous avons parcouru depuis le chemin de Meulot à Vilcourt, nous avons toujours laissé à gauche la justice de la commanderie et à droite celle de Châtillon, et qu'en outre le commandeur de Biches a justice haute, moyenne hors les limites cy-dessus sur tous les manoirs et héritages assis tant à Maupertuis qu'à Coulongeote, qui sont tenus de sa censive et annoncés en ladite justice haute, moyenne et basse dudit sieur commandeur, par les terriers de la commanderie, et m'aurait pareillement représenté, ledit Mᵉ Rebreget, que ladite dame de Pracomtal a aussi tout droit de justice sur les objets qui sont tenus d'elle, ou immédiatement ou par mouvance, hors desdites limites par-devers Biches; et comme le sieur prieur de Biches a également plusieurs masses de justice, tant aux lieux de Biches que ses voisinages circonscrits dans la justice du sieur commandeur ou qui sont limitrophes de celle dudit sieur commandeur, ledit Mᵉ Rebreget m'aurait *déclaré qu'il n'est pas possible de procéder à aucune limite distincte à ce sujet par rapport au trop grand mélange et confusion de masses qui règne à cet égard*, mais qu'il est d'un usage constant et immémorial entre les commandeurs et les prieurs de Biches d'exercer chacun à son égard la justice sur les objets tenus de sa censive... »

Le travail ci-dessus contient bien des lacunes, bien des inexactitudes, sans doute; l'insuffisance et l'imperfection des notes laissées par les employés du fisc, la destruction des titres féodaux sont des causes d'omissions. Il faut dire aussi que la description de l'organisme féodal et de ses fonctions est extraordinairement compliqué par la variété des origines des seigneuries féodales. Un travail complet comporterait toutes ces origines que seule la connaissance de toutes les conventions privées, des coups de main, des circonstances nées de l'anarchie féodale expliquerait. En matière féodale, l'incertitude est partout: ce ne sont que souverainetés incomplètes, morcellements, démembrements; les groupes féodaux isolés et indépendants, c'est-à-dire ceux qui s'étaient formés autour d'un alleutier, avaient disparu en 1789. Tout était transformé en fiefs et en censives (1).

Comme à l'ancien état des choses fut substitué, d'un seul coup et définitivement dans l'esprit de tous, l'état actuel, toute conception de la propriété et de la justice autre que celle que nous avons aujourd'hui semble avoir un intérêt historique seulement. Cependant, en présence de l'extension des doctrines des socialistes et des anarchistes, qui permettent d'envisager l'hypothèse de nouvelles conceptions successives de la propriété, de démembrements combinés par l'Etat, etc., n'est-ce pas le cas de regarder en arrière, et un travail plus complet que le nôtre ne serait peut-être pas enseveli entre un annuaire et une vieille carte?

(1) On sait que les fiefs nobles possédés par les roturiers payaient un droit au roi. Les nobles, les exempts et quelques établissements ecclésiastiques et autres privilégiés ne payaient aucuns droits en raison de leur possession. On sait aussi que les fermiers du domaine ont prétendu que le comté de Château-Chinon avait été engagé, et qu'à ce propos ils entamèrent un procès à M<sup>mes</sup> de Carignan et de Nemours. Ce sont les tableaux faits à ce sujet par les employés du fisc qui ont fourni la plupart des éléments de cette étude.

# ERRATA, ADDITIONS ET CHANGEMENTS.

Page 1. *Diverses acceptions dont le mot justice est susceptible.*

Quand on parle de justice en matière féodale, il ne s'agit pas d'un service public rendu aux justiciables par les seigneurs, mais d'un droit patrimonial et d'une sorte d'exploitation, à ce point que le sens de *justitia* n'est pas juridiction, mais profit de justice. C'est un droit qui est dans le commerce, peut s'aliéner, être acquis par prescription.

Aussi, pour comprendre l'organisation féodale au point de vue de la justice, il ne faut pas perdre de vue que le *droit de justice* appartenant aux seigneurs ne consistait pas seulement dans le pouvoir judiciaire. Il comportait d'autres éléments, et notamment il permettait aux seigneurs d'exiger des populations diverses redevances *de justice.* La justice, en effet, d'après l'opinion qui semble prévaloir aujourd'hui, aurait été, à l'origine, l'ensemble des pouvoirs du magistrat romain dans les provinces, magistrat qui n'était pas seulement un juge, mais un administrateur et, à ce dernier titre, chargé du recouvrement des impôts.

Les chefs barbares, substitués aux fonctionnaires de l'Empire et devenus finalement propriétaires de leurs offices, avaient, en s'acquittant, plus ou moins exactement des obligations dérivant de la puissance publique tombée dans leur domaine particulier, levé pour leur compte personnel les redevances imposées autrefois dans l'intérêt de l'Etat.

Le *droit de justice* n'était donc pas la conséquence du régime féodal, ce qui résulte de la maxime que la justice ou ressort et le fief n'ont rien de commun, de cette formule plus générale encore que fief et justice, alleu et justice, ressort et coutume, n'ont rien de commun.

Mais, par la suite des temps, les droits de justice s'étaient amalgamés avec les droits féodaux, et, en 1789, il eût été bien difficile de distinguer les droits résultant de la justice de ceux qui avaient pris naissance dans l'organisation féodale.

Cette dernière organisation paraît avoir sa source dans des conventions plus ou moins librement consenties et qui auraient consisté en concessions de terres sous certaines réserves ou dans l'obligation prise par un seigneur puissant, moyennant certains avantages stipulés à son profit, de protéger la personne et le patrimoine d'un plus faible. Le suzerain qui avait concédé les terres ou promis sa garantie avait *le domaine direct, la seigneurie directe* des immeubles dont *le domaine utile* était conféré ou assuré au vassal. La *directe,* pour employer l'expression des feudistes, consistait, depuis que le service militaire ne pouvait plus être exigé du vassal, d'une part, dans des devoirs de respect et de subordination incombant à ce dernier, tenu de rendre à son suzerain *l'hommage* à la suite duquel intervenait *l'aveu et dénombrement,* c'est-à-dire la reconnaissance détaillée des terres tenues à fief; d'autre part, dans des avantages pécuniaires réservés au suzerain, droits de *lods et ventes,* perçus lors de la mutation du fief, et redevances de toutes natures. Celle connue sous le nom de *cens* était considérée comme particulièrement recognitive de seigneurie. L'ensemble des reconnaissances d'une même seigneurie formait le *terrier.* Le résumé de ces actes portant seulement les sommes dues s'appelait *censier* ou *liève.* Quand la concession faite par le seigneur ou l'arrangement intervenu avec lui avaient eu pour objet non un fief, mais une terre roturière, le possesseur du domaine utile s'appelait *censitaire,* et la directe ne comportait pas l'obligation de l'hommage; mais le tenancier censitaire devait faire au seigneur une *reconnaissance,* c'est-à-dire un acte dans lequel toutes ses terres étaient décrites avec leurs tenants et aboutissants et les redevances dont elles étaient chargées; cet acte répondait à *l'aveu et dénombrement* auquel étaient tenus les tenanciers de terres nobles.

Il n'est pas facile, en fait, de dégager la justice du fief, ces deux choses se trouvant presque toujours enchevêtrées dans les actes d'aveux et dénombrements, à ce point qu'à première vue elles semblent inséparables.

Mais on constate bientôt que l'héritage tenu en fief et la justice sur ce même héritage peuvent appartenir à des seigneurs différents, quoique le fief ou terre féodale soit de la mouvance d'un même seigneur supérieur ; que le fief peut être de la mouvance d'un seigneur et la justice relever d'un seigneur différent ; que la justice comme le fief, d'ailleurs, peuvent être dans la main de plusieurs personnes ; que celui qui possède en même temps le fief et la justice peut n'avoir pas le droit de ressort ; que la mouvance féodale sur un fief ayant justice peut appartenir à un seigneur et le ressort à un autre ; de sorte qu'une personne peut, possédant une terre ayant justice, faire hommage de l'un et de l'autre à un seigneur supérieur, quoique la justice ressortisse à un autre seigneur, en sorte que celui-ci ait le ressort sur cette justice, qui est de la mouvance d'un autre (voir ce cas pour plusieurs fiefs du comté de Château-Chinon) ; qu'une justice peut être commune entre le roi et un seigneur de fief, auquel cas elle doit s'administrer au nom du roi seul et par ses officiers.

Nous venons de parler des justices annexées aux fiefs.

D'autres justices existaient, celles annexées à des francs-alleux. A l'exception des alleux souverains, les alleux, soit d'origine, soit de concession, étaient soumis, quant à la justice, à une supériorité qui était celle du roi pour les hauts-justiciers, celle d'un seigneur haut-justicier pour les alleux ne possédant qu'une justice inférieure, le roi seul pouvant concéder la haute justice et un seigneur haut-justicier ne pouvant concéder que la moyenne ou la basse justice.

En effet, *nulle terre ne pouvait être sans seigneur*, au point de vue de la justice. Tous les héritages, nous l'avons dit, étaient sujets à la justice du roi ou à celle des seigneurs en premier ressort et sous la souveraineté du roi.

La justice privée ne pouvait donc être allodiale; elle ne pouvait être tenue qu'en fief; annexée à un franc-alleu, elle n'est pas partie du domaine allodial; elle relève toujours du roi, quoique « l'héritage auquel elle est unie soit libre et allodial». (La Thaumassière : *Le franc-alleu de la province de Berry*.) On lit dans la Coutume de Nivernais : 1º Article 10 : « Justice étant en franc-alleu est exempte du prince. » Ce serait une grosse erreur que d'entendre par prince le roi. Il s'agit ici des justices appartenant à l'Église ou à ses vassaux, lesquelles étaient du ressort de Saint-Pierre. Le prince, c'est le prince de Nivernais, et les justices dont il est question sont des justices privées, car les justices publiques des villes, des églises étaient évidemment allodiales.

On sait donc ce qu'indiquent ces mots : *la justice de tel endroit* et ce qu'étaient les justices, le fief et l'alleu dans leurs rapports.

Quant à l'administration générale de la justice, au pouvoir souverain d'attribuer et de conserver à chacun ce qui lui appartient, il était reconnu que c'était l'attribut essentiel du roi, qui avait seul puissance pour faire la loi et en assurer l'exécution. Le roi n'avait-il pas attiré dans sa main toute la justice supérieure au moyen de l'extension du droit d'appel en ses Parlements? N'avait-il pas la haute discipline sur tous les magistrats dont il avait spécifié les conditions de capacité ?

En définitive, peu importait aux justiciables que le droit de justice, dans le sens restreint que nous avons indiqué plus haut de *tribunal de tel endroit*, fût dans la main d'un seigneur ou d'un autre, puisque des magistrats jugeaient; que souvent ces magistrats cumulaient les fonctions de juges de diverses justices, qu'ils présentaient les mêmes conditions de capacité et les mêmes garanties, enfin se décidaient suivant des règles du droit.

Peu importait que la sentence eût comme formule exécutoire : A tous ceux qui les présentes lettres verront, Jean Salonnier, seigneur de Nyon, avocat en Parlement, lieutenant des justices temporelles, terres, cloître et juridiction séculière, et pour MM. les vénérables Doyen et Chanoines et chapitre de l'église cathédrale de Saint-Cyr de Nevers, salut... mandons au premier huissier royal ou autre sergent, sur ce requis, que ces présentes il mette à due, pleine et entière exécution de point en point, selon leur forme et teneur...

Ou bien : A tous ceux, etc., Louis-Antoine du Creuzet, chevalier, seigneur de Richerand, Chevenon-la-Tour et autres lieux, lieutenant-général pour le roi de la province de Nivernais, grand bailli de Nivernais et Donziais, salut, savoir faisons que la cause, etc.

Ou bien encore : Les gens tenant le siége présidial à Saint-Pierre-le-Moûtier, salut, savoir font que, vu... mandons au premier huissier de ce siége, etc.

En 1789, tous droits de justice et autres, comme droits patrimoniaux, allaient disparaître ; l'administration de la justice sera désormais toute concentrée entre les mains du souverain. La formule de la Charte, sauf à substituer Etat ou Nation à Roi, est toujours exacte : « Toute justice émane du roi ; elle s'administre en son nom par des juges qu'il nomme et qu'il institue. »

D'autre part, il n'y aura plus de fiefs ; suivant l'expression de Merlin, toute terre sera devenue alleu.

A travers tout le moyen-âge, on ne rencontre comme évoquant le souvenir de la propriété quiritaire des Romains que l'alleu, et c'est au moment où l'alleu disparaissait que tout d'un coup la conception de la propriété libre devint générale en France ; mais, dans le même temps que le roi « n'avait cessé d'envahir, au nom de sa directe universelle, les pays de franc-alleu (Viollet : *Précis de l'histoire du droit français*) », Jean-Jacques Rousseau écrivait que l'Etat, à l'égard de ses membres, était maître de tous leurs biens. Au roi, Babeuf et nos communistes modernes essayeront de substituer l'Etat, réunissant ainsi toute la propriété et toute la justice entre les mains d'un seul souverain, le peuple, au choix duquel les révolutionnaires de 1789, conséquents avec leurs principes libéraux, confiaient l'élection des juges. (Voir plus loin, note s'appliquant à la page 24.)

Page 1. Au lieu de : de telle sorte qu'avec le temps..., lisez : de telle sorte qu'on peut dire que l'assujettissement des terres avait plutôt augmenté avec le temps.

Page 16. Au lieu de : pour les actes de l'état civil, lisez : quant aux actes...

Page 17. La note (1) a pour but d'indiquer la situation exceptionnelle du bailliage ducal au respect d'autres bailliages et de grands fiefs ayant aussi un ressort comprenant un certain nombre de justices inférieures.

Page 19. Au lieu de *Chanvert*, lisez *Champvert*.

Au lieu de *Chaumotte*, lisez *Chaumot*.

Au lieu de *Chevannes-sous-Montemaison*, lisez *Chevannes-sous-Montenoison*.

Page 20. Au lieu de *Frasnay-le-Ravière*, lisez *Frasnay-le-Ravier*.

Page 22. Au lieu de *Pire-sur-Lixeure*, lisez *Prye-sur-Lixeure*.

Page 23. Au lieu de *Saint-Martin-Dupuis*, lisez *Saint-Martin-du-Puits*.

Page 24. Nous devons compléter ici ce que nous disons de l'alleu, car le Nivernais, comme les territoires voisins, le Bourbonnais, l'Auxerrois, la Bourgogne, était allodial. (Le Berry était un pays de coutumes muettes et l'Orléanais de coutumes censuelles.) Nous disons que les droits de justice étaient disjoints des droits de fief, « fief et justice n'ayant rien de commun ». Il eût été plus exact d'écrire « alleu et justice n'ont rien de commun », puisque nous parlions d'alleu.

Il faut ajouter que la règle « nulle terre sans seigneur » n'aurait jamais dû être appliquée qu'à la justice.

En effet, la justice annexée à un franc-alleu n'était jamais allodiale. Nécessairement, elle relevait du roi ou médiatement ou immédiatement, et comme la justice doit être rendue partout, le possesseur d'un alleu noble avait justice relevant du roi ou de quelque seigneur, et le possesseur d'un alleu roturier devait reconnaître la justice du seigneur du territoire dans lequel était assise sa possession.

De même que le seigneur féodal haut-justicier était fondé en droit de seigneurie justicière sur tout ce qui était au-dedans de son territoire, enclaves et limites, si le contraire n'était établi, de même l'alleutier ayant justice, c'est-à-dire le possesseur d'un alleu noble, était fondé en même droit de justice; mais, pour l'un comme pour l'autre, la réunion entre leurs mains de la justice et de la propriété n'était qu'accidentelle, en vertu de la règle que fief et alleu, d'une part, et justice, d'autre part, n'avaient rien de commun.

La Coutume du Nivernais ainsi que la Coutume d'Auxerre sont précises en matière d'allodialité; ces Coutumes, comme le dit Parmentier, admettent le principe de la liberté des terres. La Coutume générale du Nivernais portait : « Tous héritages sont censés et présumés francs et allodiaux qui ne montre le contraire. » (Art. 1er du chap. VII.)

Cet article avait cependant été contesté par les nobles du Nivernais, et Guy-Coquille s'était efforcé de résoudre la question en faveur des seigneurs par la distinction suivante : « Le seigneur peut imposer un cens aux terres que leurs propriétaires n'ont pu prouver être libres, un cens, dit-il, mais non une de ces grosses prestations comme sont les bordelages, emphytéose ou autres telles. » Galland, dans son mémoire « *Du franc-alleu et origines des droits seigneuriaux* », était allé jusqu'à décider que la possession, même immémoriale, n'était pas suffisante pour prouver le franc-alleu, alors qu'on pouvait dire que toute coutume qui était de pays allodial admettait la prescription du cens.

Le système bâtard de Guy-Coquille, l'acharnement mis par certains jurisconsultes à nier la liberté d'origine des terres furent la cause de nombreuses contestations et d'une polémique qui resta ouverte jusqu'en 1789.

Parmentier, dans le mémoire dont nous citons un passage, explique très-bien :

1° Que la Coutume en Nivernais (dans l'enclave de laquelle il ne restait plus à l'époque où il écrivait qu'un centième de fonds qui fussent véritablement sans seigneurs directs) étant allodiale, l'héritage quelconque assis dans cette enclave était l'*optimus fundus* des jurisconsultes romains, c'est-à-dire que le propriétaire en avait la pleine propriété, consistant dans la réunion en sa personne du domaine direct et du domaine utile ;

2° Que le *franc-alleu noble* devait être défini comme étant l'alleu créé par la concession de l'héritage allodial à titre de fief, de bordelage ou de rente, lorsque le propriétaire, jugeant à propos de ne plus jouir de l'universalité de l'héritage allodial, le morcelait ou en concédait une partie ; à ce point que si, après morcellements, il ne restait plus rien, le franc-alleu n'était plus que l'assemblage intellectuel de tous les droits résidant en la personne du concédant qui recevait la foi, les aveux, reconnaissances, prestations et profits ordinaires ou casuels. L'alleu devenait noble, en un mot, par sa section en mouvances ;

3° Que l'*alleu roturier*, celui qui n'a ni justice, ni censive, ni aucune mouvance, reconnaît seulement la justice du seigneur au territoire duquel il est assis, tandis que celui qui a justice, fief mouvant de lui ou territoire de censive est noble, doit être défini : l'héritage de celui qui n'en a fait aucune aliénation à titre de fief, cens, etc., et conséquemment demeure dans son premier état, qui est de n'être ni noble ni roturier ; de sorte qu'il est improprement appelé roturier, puisqu'il est toujours au-dessus du fief ;

4° Que la raison de la disparition de la plupart des francs-alleux avait été : en présence du désir bien légitime qu'avaient les possesseurs d'alleux de conserver la franchise,

d'une part, le fait des rois et autres grands qui furent portés
à réduire en fiefs les terres allodiales, afin de les déprimer ;
d'autre part, la nécessité ou l'avantage des possesseurs d'alleux,
qui désiraient obtenir la protection et l'assistance des seigneurs qualifiés et se donnaient à ceux-ci avec leur territoire
allodial, devenant ainsi vassaux de grandes terres et passant
avec elles sous la mouvance d'un suzerain.

Cette théorie, enseignée par Hervé (*Théorie des matières
féodales*), combattue par Henrion de Pansey (*Dissertations
féodales*), était très-judicieuse ; mais si à l'origine tout propriétaire d'alleu put inféoder ou accenser sa terre, le principe
que l'on pouvait donner à fief ou à cens les héritages nobles
seulement n'avait pas tardé à prévaloir, et l'origine réelle des
alleux nobles et des alleux roturiers, leur définition et leur
distinction primitives furent oubliées.

La dissertation de Parmentier, procureur général de la
Chambre des comptes du duché de Nivernais et maître des
archives est intéressante par la façon très-vive dont Parmentier exprime son opinion. Au moment où les alleux d'origine
n'étaient plus qu'un objet de curiosité rare en France, n'est-
ce pas une marque de clairvoyance de sa part d'employer une
définition de la propriété qui allait répondre bientôt à la
conception qu'universellement on allait s'en faire en s'éton-
nant même qu'on ait jamais pu penser autrement ; — une
marque de bon sens de s'étonner qu'on ait pu trouver dans
une sorte d'asservissement une cause de noblesse.

Mais Parmentier avait encore un pied dans l'ancien
régime. Il n'ose pas attaquer la directe royale universelle en
vertu de laquelle « *omnia sunt regis* » et cette sorte de
confiscation de toutes les terres au profit du souverain
que consacra l'édit de 1692.

En fait, à la fin du dix-huitième siècle, il n'existait plus
d'alleux à proprement parler, puisque toutes les propriétés
étaient soumises au moins à la directe royale ; il n'y avait
plus que fiefs et censives. Le roi était parvenu à imposer la

directe royale aussi bien aux alleux roturiers qu'aux alleux nobles. « C'est ce qui explique comment il existait un si grand nombre de terres féodales de peu d'importance relevant immédiatement du roi, tandis qu'il était manifeste que jamais la concession *sans moyen* n'avait pu s'en effectuer. » (Championnière : *De la propriété des eaux courantes,* n° 192.) En faisant la revue des fiefs du Nivernais, on rencontre des mentions semblables à celle-ci : Relève de la tour quarrée de Saint-Pierre, le pré du Chamonat, paroisse de Montigny-sur-Canne, moitié d'une rente de 8 boisseaux de froment, 32 boisseaux de seigle et 32 boisseaux mouture sur les moulins de Guy et Lancray, à Jacques Boissedy, marchand.

N'oublions pas ces terres qui, comme vaines et vagues encore, étaient libres, en ce sens au moins que personne n'y avait fait acte de propriété ; les plus hardis s'en emparèrent, et, pour se mettre à l'abri de revendications possibles ou des entreprises de plus hardis qu'eux, se firent les vassaux d'un protecteur, quelque puissant seigneur des environs.

A l'exemple du roi, de grands seigneurs, comme le marquis de Courtauvaux à Tonnerre, firent reconnaitre à leur profit une directe féodale. C'est ce que le marquis de Mascrany, seigneur de Château-Chinon, tenta de faire en 1779. Il prétendit que tous les héritages francs situés dans l'étendue de sa haute justice de Château-Chinon étaient assujettis envers lui à un droit de lods et de ventes de vingt deniers pour livre, à chaque mutation. Ce droit lui fut contesté par *le général des habitans* de Château-Chinon et par plusieurs propriétaires forains. Il avait obtenu gain de cause ; mais l'arrêt fut attaqué par requête civile et par tierce-opposition, et la cause des habitants reçut une aide considérable du baron de Choiseul, qui intervint dans l'instance, ainsi que quatorze propriétaires puissants. Un mémoire est conservé aux archives de la Nièvre, lequel contient une consultation intéressante délibérée au cours de l'instance, à Paris, le 30 janvier 1779, par Babille, Doillot, Bert de La

Bussière et de La Croix de Framville. A la même époque,
la question de prescription du cens donnait lieu à un autre
procès soulevant la question des alleux. (Bouez d'Amazi,
seigneur de Chevanes, contre le sieur de Belombre, seigneur d'Asnois, 1782.)

C'était l'époque où le *Dictionnaire des domaines*, avec
l'aplomb d'un fonctionnaire en matière d'histoire, définissait
l'alleu « une espèce de *tenure* dont l'origine est inconnue et
qui, *vraisemblablement*, n'existe pas en France ».

Étrange pays que le Nivernais, qui fut un pays d'alleux
ou de propriété libre et où, en même temps, le servage des
personnes subsista longtemps. On sait, en effet, que la
majeure partie des villes et des villages du Nivernais était
peuplée par des serfs et qu'il restait encore de ces serfs en
1789, malgré les édits de 1130, 1224 et 1375, qui avaient
eu leur exécution entière dans les terres du domaine royal
seulement. Or, tandis que les propriétaires de seigneuries
inféodées ou allodiales dès les treizième, quatorzième et
quinzième siècles substituaient successivement les cens, les
bordelages et les rentes aux tailles et aux autres droits de
servitude personnelle et de main-morte, qui leur appartenaient sur les hommes et sur les héritages de leurs francs-
alleux et de leurs fiefs, la propriété libre disparaissait.

C'est de cette circonstance que s'emparait Mascrany dans
le procès dont nous venons de parler lorsqu'il réclamait
une directe à tous les habitants de sa justice, en se fondant
sur ce qu'il aurait existé autrefois une main-morte universelle ; on lui répondait avec raison que, dans les Coutumes
qui, comme celle du Nivernais, admettaient à la fois la
main-morte et le franc-alleu, la servitude des personnes et
la franchise des héritages (le Nivernais était pays de servitude personnelle et non réelle), la main-morte affectait les
personnes, mais laissait les héritages dans l'état de liberté
que leur assurait la loi territoriale ; autrement main-morte
et franc-alleu auraient été, dans les Coutumes, deux dispo-
sitions contradictoires et destructives l'une de l'autre.

Le sort de l'alleu, aux prises avec le roi et les seigneurs justiciers, méritait d'être rapporté ici.

Page 27. Art. *Azy-les-Vignes*. Au lieu de 1758, lisez 1578. Ce fief appartenait, au dix-huitième siècle, aux enfants Save d'Ougny.

L'aliénation à charge de fief du prieuré d'Aubigny semble ne s'appliquer qu'à quelques lots de vignes.

Page 28. *Bazoches*, etc. Lisez paroisse *de* Domecy.

Page 29. Belins (les), lisez : *dépendant de l'abbaye de Corbigny* au lieu de *cette abbaye*.

Page 29. Les justices, terres, seigneuries et château de *Limenton et Bernay*. Bernay relève de Château-Chinon. Limenton relève du duché et en partie de l'abbaye de Belle-vaux. La part de Biches relève du roi.

Page 30. Art. *Besne*. Lisez Debersac au lieu de Debusac.

Page 30, note 1. Lisez Busseau, paroisse de Moussy, au lieu de Mousseau.

Page 31. Art. *Chevigny*. Il existe, en date du 8 juillet 1784, un aveu et dénombrement du quart de la justice, haute, moyenne et basse, de Chevigny, fourni par Louis-Marie-Gabriel-César baron de Choiseul, au profit du prieuré et séminaire de Saint-Sauveur de Nevers, devant Riffé, notaire à Nevers.

Page 32. Art. Chezelle.

Jean-Baptiste *Desgalais* de La Tour, premier président au Parlement d'Aix et intendant de Provence, seigneur de Chezelle-Dompierre, comparut parmi les électeurs membres de la noblesse du Nivernais en 1789.

Page 33. Art. *Château-Chinon*.

Nous donnons un tableau des principales terres dans lesquelles les seigneurs de Château-Chinon avaient des droits de justice.

La tendance que l'on a de confondre les droits de fiefs, de justice et le ressort, est la cause de confusions nombreuses. En ce qui concerne les fiefs relevant de Château-Chinon, la question de savoir à quel ressort ces fiefs appartiennent est souvent difficile à résoudre. Nous trouvons, en effet, les noms de mêmes *fiefs et justices* et dans les procès-verbaux des assises de Saint-Pierre et dans les procès-verbaux des assises du bailliage de Nevers.

La plus grande partie du Morvand nivernais, c'est-à-dire les comté, terres et seigneuries de Château-Chinon, Ouroux, la moitié de la terre et baronnie de Lormes, Brassy et Dun-les-Places, mouvant en plein fief, foi et hommage immédiatement du roi, à cause de sa grosse tour de Saint-Pierre-le-Moûtier, comprenaient des bailliages importants.

La justice se rendait à Château-Chinon dans un bailliage dont il est question page 33.

A Lormes, la justice, depuis 1355, était rendue dans deux bailliages seigneuriaux, celui de Lormes-Château-Chinon et celui de Lormes-Châlons.

Les appels du premier se portaient au bailliage royal de Saint-Pierre avec recours au Parlement. Ceux du second se portaient au bailliage de Nevers. (Lors du partage de Lormes en deux seigneuries, il avait été convenu que les appels des justices, des fiefs qui devaient rester communs ressortiraient exclusivement au bailliage de Lormes-Château-Chinon ; mais cet état de choses n'eut pas de durée, et les deux seigneuries appartinrent exclusivement par la suite aux deux⋅ ressorts ci-dessus.)

*A Ouroux* existait un bailliage qui comprenait Ouroux, Planchez, Frétoy et Montsauche en partie. Les appels se portaient à Saint-Pierre. Les officiers étaient d'ailleurs les mêmes que ceux de Château-Chinon, et les justices furent considérées comme unies.

*A Brassy*, la justice, dont les appels se portaient à Saint-Pierre, s'appelait : bailliage de Brassy et Dun, et comprenait ces deux paroisses en partie et Montgaudier en Bourgogne. Il fut réuni à la fin du dix-huitième siècle au bailliage de Lormes-Château-Chinon.

Le marquisat de la Tournelle avait aussi son bailliage,

dont les appels se portaient à Château-Chinon et de là à Saint-Pierre. Ce bailliage comprenait Arleuf, Courancy, Chaumard, les chapelles de Beauregard et Faubouloin.

Les juges de ces divers bailliages étaient appelés aux assises de Saint-Pierre.

Des justices annexées à certains fiefs mouvant du comté de Château-Chinon, mais situés sur les territoires des châtellenies ducales, étaient appelées aux assises du bailliage de Nevers, auquel elles ressortissaient.

Nous n'avons pas trouvé l'application de la remarque *in fine* de l'article Château-Chinon, page 35.

Enfin, certains fiefs très-avant dans la Bourgogne relevaient pour la justice des tribunaux de cette province.

*Bailliages du comté de Château-Chinon et baronnie de Lormes-Château-Chinon et Terres ayant justice et appartenant à ces comté et baronnie, d'après une liste de fiefs conservée aux archives du département.*

*Les Anglais.* — Voir plus bas, article *Bouteloing.*

*Arcilly* (et le fief de la Varenne). — Voir page 109, article *Anizy* et *Couze.*

*Argoulais.* — Voir page 121.

*Argoulais.* — Voir page 116.

*Arleuf.* — Les terres, justices et seigneuries, maison-forte d'Arleuf, Poissons et Beauregard et le marquisat de la Tournelle relevaient de Château-Chinon, suivant foi et hommage des 16 novembre 1617 et 20 mars 1621. Seigneur, Joseph-Pierre-François-Xavier Foulon de Doué.

*Aringette.* — La terre, justice et seigneurie d'Aringette, paroisse de Chaumard, relève de Château-Chinon, suivant foi et hommage du 6 novembre 1617. Seigneur, le marquis de La Tournelle (Voir page 158, à la note).

*Aron.* — Voir plus bas, article *Courancy.*

*Aunay.* — Voir page 118. La terre, château, justice et seigneurie d'Aunay relevait de Nevers en partie, et pour le

Basfort d'Aunay relevait de Château-Chinon. Les fief, justice
et château de Marigny, unis à Aunay, relevaient du duché
de Nevers, suivant le dénombrement reçu par Debersac,
notaire à Aunay, du 22 décembre 1737, mais d'Espeuilles
suivant d'autres dénombrements. Dans la paroisse d'Aunay
les terre, justice, seigneurie et domaine de Niroux, au comte
d'Aunay, relevaient de Château-Chinon, suivant foi et hommage du 30 mai 1618. Dans la même paroisse, la terre,
justice, seigneurie et maison seigneuriale de Thurigny, à
Guillaume de Nourry, relevaient de Château-Chinon.

*Bailly*, paroisse de Magny-Lormes. — Voir page 145.

*Beauregard*. — Voir plus haut, article *Arleuf*, page 158.

*Bernay*, paroisse de Limenton, foi et hommage des 4 septembre 1617 et 24 janvier 1618.

*Blaizy*. — Basse justice ; la haute justice unie à celle de
Maison-Comte de Courancy, ainsi que le fief et maison seigneuriale de Chaumard, dépendance de Maison-Comte.

*Blismes*, se divisait en deux fiefs : l'un, le village, avec
haute justice, relevait de Nevers, à cause de la châtellenie
de Montreuillon ; l'autre, relevait de Château-Chinon. Le
premier, avec haute, moyenne et basse justice, à Simon-
Pierre Sautereau. Le second, avec haute justice, à la famille
de Choiseul. — Voir page 119.

*Bonnaré*. — La justice de Dun-les-Places et Bonnaré fut
unie à celle du Montal en 1680.

*Bouteloing*. — C'est à tort que Bouteloing (les dixmes et
justice de Bouteloing relevant de Château-Chinon, suivant
foi et hommage des 4 et 11 juillet 1616, 17 novembre 1625
et 12 janvier 1633, aux Girardot de Champcourt) est porté
deux fois, page 33. Dans la paroisse de Saint-Léger, près de
Bouteloing, étaient les terres, justices et seigneuries de
Traclin, Tillieux, des Anglois, relevant de Château-Chinon,
suivant les mêmes hommages.

*Boutenot*, paroisse de Planchez, basse justice relevant de
Château-Chinon ; la haute justice relevait de la Tournelle.

*Brinay*, page 28. — Au lieu de 18 juillet 1676 lire 1678.

*Bouquin-Chaumot* (Le). — Voir page 140. Etait du ressort de Nevers, châtellenie de Monceaux-le-Comte.

*Brassy*. — Relève de la baronnie de Lormes. Bailliage réuni, en dernier lieu, à celui de Lormes.

*Bussière*, paroisse de Montaron. — Les terres, justice et seigneurie de Bussière et du Nouveau-Chaillou, au marquis de Poyanne, relèvent de Château-Chinon, suivant foi et hommage du 12 août 1617, tant pour la part du Merlier que pour celle de Bolâtre.

*Bussy*, paroisse de Poussignol, a pour justice le bailliage de Château-Chinon. Voir page 29.

*Le Bruys*. — Voir page 116. Haute justice du Bruit, relevant en partie de Nevers, en partie de Château-Chinon.

*Le Vieux - Chaillou*, paroisse de Fertrève, justice et seigneurie à Jean-Jacques Pierre, seigneur de Saint-Cy. Foi et hommage à Château-Chinon le 4 septembre 1617 pour diverses parties, tant du Vieux que du Nouveau-Chaillou ; il existe un certain nombre d'hommages au bureau des finances. Enfin, pour partie est arrière-fief de Châtillon. Hommage du 4 août 1735, Cabaille, notaire à Cercy.

*Bussy* ou *Buxi*, paroisse d'Anost, relevait en partie de Château-Chinon pour sa haute, moyenne et basse justice.

*Bois-Resigne*. — Voir page 34.

*Château-Chinon*. — Terre, comté et bailliage, comprenant dans son ressort les paroisses de Châtin, Dommartin, Moux, Chaumard en partie (Chambuffière, hameau, etc.), Planchez et Frétoy, Poussignol, Saint-Hilaire.

*Certaine* et *Cendre*. — Certaine mouvait de Château-Chinon, hommage en 1772. Une partie des dépendances relevait de Nevers. (Voir pages 36 et 145.)

*Chaumard* en partie, ayant pour justice le bailliage de Château-Chinon.

*Chaligny*. — Voir page 34.

*Champmartin*, paroisse de Sermages. Voir page 109.

*Champs*, paroisse de Saint-Léger. Voir page 109.

*Châtin*, ayant pour justice le bailliage de Château-Chinon.

*La Chaize.* — Voir page 43.

*La Chaume,* paroisse de Cervon. — Foi et hommage du fief de la Chaume par Charles-Louis-David Le Pelletier, comte d'Aunay, au comte de Château-Chinon, devant les officiers du bailliage de Lormes, 19 mars 1778.

*Coulon.* — Voir page 39. La terre, justice, seigneurie et château de Coulon, relevant en commun de Château-Chinon et de Lormes-Châlons, à la famille Mazillier *de Rivière* et non *de La Rivière*; foi et hommage à Lormes du 3 octobre 1617. Dernier seigneur, Gédéon Etignard.

*Courancy.* — Le territoire de Courancy comprenait deux fiefs en toute justice mouvant de Château-Chinon. — Les terres, justices et seigneuries de Maison-Comte, Aron et Vouchot relevaient de Château-Chinon, suivant foi et hommage des 6 novembre 1617, 13 juillet 1618 et 25 juillet 1626. — M. de La Tournelle seigneur.

*Le Creuzay.* — Les terres, justices et seigneuries de Sardy et du Creuzay et l'étang Quincampoix, à l'abbé de Mégrigny, relèvent de Château-Chinon, suivant foi et hommage du 3 septembre 1617. — Justice de Corbigny.

*Cuy.* — Voir page 117. Vassal de Château-Chinon, mais de la châtellenie ducale de Montreuillon.

*Dommartin,* du comté et bailliage de Château-Chinon.

*Demain.* — Voir page 126. Les appels de la justice de Demain sont portés à Saint-Pierre. Terre et justice de Demain, paroisse de La Collancelle, au comte de Crux. La terre de Demain relève de Château-Chinon; dénombrement du 21 octobre 1460. Voir page 39.

*Dun-les-Places.* — Voir page 121.

*Fachen* faisait partie du marquisat de la Tournelle.

*Fonteny,* paroisse d'Ouroux, justice relevant de Château-Chinon ainsi que celle de Bussière.

*Frétoy,* paroisse de Planchez. Planchez et Frétoy, des bailliages de Château-Chinon et d'Ouroux.

*Gácogne.* — Dépendait du bailliage de Lormes à la part de Château-Chinon.

*Gien.* — La terre, justice et seigneurie de Gien-sur-Cure et les Chaumes-de-Serault, paroisse de Gien (Nivernais), à de Chaugy, comte de Roussillon ; foi et hommage du 12 novembre 1618.

*La Grenouillère.* — Voir page 117, au nom Epiry, et page 145.

*Grandry*, paroisse de Dun-sur-Grandry. Le fief et justice de Grandry, au comte d'Aunay, relève de Nevers, châtellenie de Montreuillon, suivant dénombrement au duché de Nevers reçu Debersac, notaire à Aunay, du 26 décembre 1735. Est aussi porté comme relevant en partie de Château-Chinon.

*Guipy.* — Voir pages 42 et 129. Dénombrement devant Couhaut du 17 mars 1701 ; foi et hommage du 3 juin 1726, reçu par Bruandet, greffier ; est du ressort de Nevers.

*Saint-Germain-des-Bois* relève de Château-Chinon, suivant foi du 12 juin 1622.

*Saint-Germain-des-Champs*, mentionné en 1705. — Voir *Dictionnaire* de M. de Soultrait.

*Héry.* — Terre, justice et seigneurie d'Héry. Relève de Château-Chinon, foi et hommage du 5 novembre 1617. De Bony et non de Bonis, seigneur. Voir page 43.

*Saint-Hilaire.* — Les fief et justice et château d'Argoulais et Montbaron, à Sallonnyer de Montbaron, relevant de Château-Chinon, suivant foi et hommage des 13 juin et 20 novembre 1618. Comté et bailliage de Château-Chinon.

*Lantilly.* — La terre, justice, seigneurie et château de Lantilly, à Antoine-Louis comte de Torcy. Foi et hommage à la terre de Lormes à la part de Château-Chinon, 29 août 1617. Autre, 3 juin 1726, reçu Bruandet, greffier du bailliage. Est compris aussi parmi les arrière-fiefs de Châtillon. A la fin du dix-huitième siècle, appartenait à Elie Dugon et à Antoine-François-Henry vicomte de Damas. De la justice de Saint-Pierre.

*Saint-Léger.* — Voir page 111.

*Lichy*, près de Bona et non de Bonai. — Voir pages 48 et 125.

*Le Montal.* — Voir page 121.

*Lormes* à la part de Château-Chinon. Bailliage étendant son ressort sur les paroisses de Brassy, Gâcogne, Magny ancien et Mhère.

*Maison-Comte.* — Voir plus haut Courancy.

*Mazinien-le-Buffet* et non Mazinien-le-Cusset. — La terre, justice et seigneurie de Mazinien, à la famille de Bourbon-Busset, relève de Lormes, suivant foi et hommage du 18 décembre 1617.

*Mex-Linard.* — Bailliage d'Avallon.

*Menemois* relevait de Lormes-Châlons.

*Menessaire*, marquisat, en partie dans la mouvance du comté de Château-Chinon. Le dernier seigneur fut le marquis de Courtivron.

*Mhère.* — Les droits honorifiques dans l'église, justice, etc., dans l'étendue de la paroisse, faisaient partie de la seigneurie du Pontot. Bailliage de Lormes.

*Montaron.* — Voir page 51.

*Montbaron-Saint-Hilaire.* — Voir plus haut Saint-Hilaire.

*Montbaron (le Sauvage).* — Voir pages 52 et 118.

*Montigny.* — Voir l'article ci-après. Haute justice relevant de Nevers.

*Motte de Montener (La).* — La seigneurie de Pouques mouvait de la baronnie de Lormes-Châlons ; Montigny, au sud-est de Pouques, ayant toute justice, appartenait trois quarts aux seigneurs de Lormes-Châlons, un quart ou la Motte de Montener aux seigneurs de Lormes-Château-Chinon.

*Niroux.* — Voir page 119.

*Ouroux.* — Bailliage, comprenant Ouroux, Planchez-Fretoy et Montsauche en partie.

*Pazy.* — Voir page 143. Est de la justice de Corbigny.

*Saint-Pereuze.* — Voir pages 111, 115.

*Poissons.* — Voir page 158, à la note, et plus haut, article *Arleuf.* Du bailliage d'Arleuf.

*Pontot*. — Le Pontot mouvait de Château-Chinon et de Lormes-Châlons. Voir page 53. Est porté aussi comme relevant de Châtillon pour partie.

*Poussery*. — Voir pages 53 et 101.

*Poussignol*. — Poussignol était du bailliage de Château-Chinon. Dans cette paroisse se trouvaient les terres, justices, seigneurie et château de Quincize, Etoulle, dixmes de Poussignol et fief de Ranglos, relevant de Château-Chinon suivant foi et hommage des 21 et 25 octobre et 30 décembre 1617. Foi et hommage et dénombrement du 22 septembre 1724, reçu par Devoucoux, greffier à Château-Chinon; 22 décembre 1725, reçu par Maillefert, notaire, et 11 juillet 1736, reçu par Bruandet, greffier. Ces fiefs, qui avaient appartenu aux Pitoys, appartenaient, depuis l'acte reçu Lecomte, notaire à Paris, du 20 février 1759, à Sautereau. Les fiefs de *Bussy, la Thibert*, moulin, et la *maison Dupont*, relevant de Château-Chinon suivant foi et hommage des 25 septembre 1621, 22 septembre 1724, 22 décembre 1725 et 11 juillet 1736. (Voir pages 29 et 177.) Ils avaient appartenu à la famille Pitoys et avaient été acquis par François Blandin le 22 octobre 1754 devant Boullard, notaire à Paris. Du comté et bailliage de Château-Chinon.

*Précy*, paroisse de Guipy, de la châtellenie de Saint-Saulge. Haute justice relevant de Nevers. Vassal du comté de Château-Chinon. (Voir page 125.)

*Prélichy*. — Terre, justice, seigneurie et château de Prélichy. Relève de Château-Chinon, foi et hommage du 30 septembre 1617. Dénombrement à Château-Chinon du 27 novembre 1699, reçu Cahaut, notaire; foi et hommage reçu Bruandet, greffier, du 3 juin 1726. De la justice de Corbigny.

*Quincize*. — Les terre, justice, seigneuries et château de Quincize, Etoulle, le fief de Ranglos relevaient de Château-Chinon suivant foi et hommage des 21 octobre, 25 octobre et 30 décembre 1617; foi du 22 septembre 1725, reçu Devoucoux, greffier à Château-Chinon. Mais du ressort de Nevers.

*Ratoulle* ou *Retoulle*, de la châtellenie de Montreuillon, vassal de Château-Chinon.

*Razou*, paroisse de Brassy. — Voir page 54. Relève de Lormes suivant foi et hommage du 18 décembre 1617.

*Ruère*. — Voir pages 54 et 118. De la baronnie de Lormes, relevant de Saint-Pierre.

*Sardy*. — Fief sur le territoire de la châtellenie de Montreuillon, mais vassal de Château-Chinon, dépendait, pour la justice, de Corbigny.

*Saulière*. — Voir page 111. Fief partagé entre Château-Chinon et le duché.

*Sermages*. — Voir page 111.

*Surpallis*, paroisse de Sardy et non de Saint-Pereuze. — Terre, justice et seigneurie relevant de Château-Chinon suivant acte du 26 août 1619. Seigneur, Millin, procureur au Parlement de Paris.

*Thars* et *Chenizot*, paroisse de Chougny. — La terre, justice et seigneurie de Thars relèvent de Château-Chinon, foi et hommage du 2 mai 1652, et Chenizot, de Châtillon, suivant dénombrement de cette terre. Charles-Armand de Certaines, seigneur, avait acquis de Jean Guyot, conseiller à la cour des aides.

*Thibert (La)*. — Voir plus haut, article *Poussignol*.

*Thavenault*. — Voir *Tavenau*, pages 58 et 146 ; diverses mouvances, mais toujours du ressort de Saint-Pierre.

*Thurigny*. — Voir plus haut, article *Aunay*, et page 57.

*Tilleux*. — Voir plus haut, article *Bouteloing*.

*Tournelle*. — Voir page 158, à la note, et plus haut, article *Arleuf*.

*Traclin*. — Voir plus haut, article *Bouteloing*.

*Tressolles*. — Terre, justice, seigneurie, maison seigneuriale de Tressolles relèvent de Château-Chinon, foi et hommage des 17 août 1617 et 2 janvier 1618, sentence de Château-Chinon du 15 mars 1691. Seigneur, Millin de Tressolles. Voir *Tressol*, page 57. (La justice du prieuré d'Héry-Tressol relève de Corbigny.)

*Trouillère* (*la*). — Terre, justice, seigneurie et châtellenie de la Trouillère, à Blosset de Certaine, relèvent de Château-Chinon ; foi et hommage des 14 décembre 1619 et 30 septembre 1627. Voir page 42, article Guipy.

*Vauclaix.* — Voir pages 117 et 119. La paroisse renfermait plusieurs fiefs. *La Croix* relevait de Château-Chinon, le Tartre-de-Vauclaix relevait du duché. Le fief et justice de Vannes, à la famille Girard, relevait aussi du duché.

*Vendenesse* et *Nourry*. — Voir page 112.

*Vermenoux.* — Terre, justice, seigneurie et maison seigneuriale de Vermenoux, paroisse de Château-Chinon, à Jacques Etignard de La Faulotte, qui acheta de Gerardot Vernizy, les Anglais, Bouteloing, Tilleux, Traclin et Vermenoux à la fin du dix-huitième siècle.

*Villacot.* — Voir pages 59 et 112.

*Villemolin.* — Voir pages 36 et 147. Le Chemin, voir page 145.

*Vissingy.* — La basse justice de Vissingy, paroisse de Chaumard, relève du prieuré de Château-Chinon.

On voit par cet état que bien qu'hommage fût fait de certains fiefs et justices au comte de Château-Chinon, le ressort n'était pas toujours celui de Saint-Pierre.

Page 35 Article *Cencoins.* — Le domaine très-médiocre que le traité de pariage dont il s'agit avait procuré au roi était sous l'inspection de la chambre des domaines du Bourbonnais. Les seigneurs de Bourbon étaient maîtres de toutes les terres environnant Sancoins, terres qu'ils avaient inféodées : c'est-à-dire Neuvy, Mornai, La Chapelle-Hugon, Sagonne, Joui, Lurcy, Vraux, Augy-sur-Aubois. Cette région, dont Sancoins était le centre, suivant un arrêt du Parlement portant réglement (lequel arrêt jugea que la prévôté de Sancoins était régie par la coutume du Bourbonnais (19 mars 1782), était délimitée au levant par l'Allier et par des chemins dans les paroisses de Neuvy et d'Apremont, séparant le Bourbonnais du Nivernais, au nord par les paroisses du Gravier et autres séparatives du Berry et du Nivernais, au couchant, jusqu'à Lugny-en-Bourbonnais inclusivement, jusqu'au territoire de Dun-le-Roi.

Pages 36, 105, 113. — Les articles concernant Chigy aux pages susdites contiennent des contradictions et sembleraient faire trois fiefs de Chigy, paroisse de Taxilly. Chigy était un fief double.

Premier fief : Chigy ou Chisy ou *Chizy-le-Gros* et *Chizy-le-Monial* ne font qu'un.

Deuxième fief : Chizy-le-Migyeu ou le Mezieu.

Le premier est l'objet du dénombrement du 3 janvier 1702, reçu Ballard. Il possédait une justice moyenne et relevait de Nevers d'après l'acte. Il appartint à la famille Ducrest et passa à Denis-François de Jarsaillon.

Le second appartint à la famille de Chargères, mais en dernier lieu à Bruneau marquis de Vitry. Le dénombrement de 1702 lui est étranger.

Page 36. Article *Chanay*, paroisse de Marzy.

Page 36. Article *Coëron* (Coueron). — Haute, moyenne et basse justice avec Vendonne et Martigny, à la famille Mellon.

Page 38. Article *Champdoux*. — Un registre des assises porte *Chandiou* ; seigneur, La Ferté. Voir page 109.

Le fief de Chandoux relevait de la tour quarrée de Saint-Pierre ; suivant hommage du 25 juillet 1729 (et non 15 janvier). Voir *Chandou*, page 100.

Page 40. Article *Dompierre*. — Au lieu de *Desgoberts*, lisez *Desgalais*.

Page 40. Article *Druy*. — Par *M. de Druy* il faut entendre *le seigneur de Druy*. La famille de Druy n'était pas propriétaire de Druy, mais d'Avril-les-Loups. Le dernier seigneur de Druy fut Auguste-Joseph de Broglie, prince de Revel. Les principaux fiefs relevant de Druy étaient : *Champrobert*, dont il est question page 368 en note ; *le fief du prieuré d'Appilly*, à l'abbesse de Notre-Dame de Nevers ; *Monts*, ayant appartenu à Cochet de Monts, paroisse de

Béard, avec basse justice, à Guillaume Deschamps ; *le Plessis*, paroisse de Sougy, au même ; *le fief du prieuré de Béard*, au même ; *le fief de Bouy*, paroisse de Saint-Ouen, avec haute, moyenne et basse justice ; *Travant et Passensay*, paroisse de Parigny, avec justice, à Florimond de La Venne (voir page 52) ; *Grandchamp et Menaton* (Monoton), paroisse de Parigny-sur-Sardolles, appartenant, ainsi que la terre de Parigny, qui relevait du roi, à la famille de Lichy ; *les Ulmes*, paroisse de Sougy, à M. Pinet des Ecots.

(*Sougy*, avec haute, moyenne et basse justice, appartenait au duc de Nevers.)

Page 40. Article *Dompierre-sur-Héry*.

Page 41. Article *Givry et la Môle*. — Les fief et justice de Breviande et Boisjarry, à Léveillé du Tournai, relevaient de la baronnie de Givry, suivant foi et hommage du 5 décembre 1741.

Page 44. Article *la Goutte*. — La Goutte et Grateloup relevaient et de La Nocle et de Nevers. Dénombrement du 20 août 1699, reçu par Ballard, notaire.

Page 45. Article *les Troches*. — Estroches, paroisse de Laché, réunie à celle d'Assards au dix-huitième siècle. Estroches, vassal de Crux, à Louis-Bénigne-François Berthier, intendant de la généralité de Paris.

Page 48. Article *l'Isle-Savary*. — Dernier seigneur, de Bosredon.

Page 48. Article *le Chautay*. — Foi et hommage, aveu et dénombrement du fief et fourneau du Chautay, moyenne et basse justice, fourni par Jean-Baptiste de Neuchèze à François-Marie comte de Fougière, à cause de sa terre de La Guerche, devant Gounot, notaire à Nevers, le 4 mars 1777.

Page 50. Article *Mont-en-Genevray*. — Aliénation du chapitre de Nevers. Relève de la tour quarrée de Saint-Pierre, suivant hommage par les héritiers Gueneau du 7 juillet 1726. Appartenait pour trois portions à ces derniers, trois portions à François Guillier, qui avait acquis du chapitre le 20 juin 1712 ; trois portions à Sallonnier, qui avait acquis du chapitre devant Lagoutte, notaire, le 30 juin 1712.

Page 55. Article *Saint-Loup*. — Il y a aveu et dénombrement au bureau des finances de Moulins pour le roi, des terre, justice et seigneurie de Saint-Loup, des 10 avril 1676 et 5 mai 1687, 19 décembre 1732.

Page 56. Article *Sury*. — Du 27 décembre 1768, aveu et dénombrement de la justice moyenne et basse de Sury, consenti par Charles-François Laurès, conseiller à Paris, au profit du prieuré de Saint-Etienne de Nevers.

Page 57. Article *Semelain*. — *Commanderie* s'applique à Torny (Tournis).

Page 57. Article *Turny*. — Au lieu de Vattauge, lisez de Vattelange.

Page 57, note au bas de cette page. — Le bailliage de Saint-André-les-Luzy comprenait les justices de Saint-André, d'Avrée et de Semelay. C'est à tort que la note indique ce bailliage comme non appelé aux assises. Voir l'article *Saint-André*, page 54.

Page 51. Article *Montaron*. — Les fiefs du Tremblay, paroisse d'Isenay, de Pouligny-sur-Aron, de Montaron et de Poussery furent pendant un certain temps entre les mains de la famille de Reugny.

Mais Louis de Reugny et sa femme donnèrent à Louis-Alexandre de Reugny le Tremblay, et à Anne-Edouard Poussery, Pouligny et le Bazois et Montaron.

Le 24 janvier 1752, et non en novembre 1763 (date de la confection du terrier de Poussery, qui ne fait que confirmer la transaction), les deux tiers de la justice de Montaron furent attribués à Anne-Edouard et un tiers à Louis-Alexandre.

Anne-Edouard étant décédé le 13 septembre 1753, c'est sa veuve, Gabrielle Millot de Montjardin, qui fit établir les limites des diverses justices en 1763. Sa fille, Gabrielle de Reugny, ayant épousé Pierre-Etienne Bruneau de Vitry. C'est ce dernier qui résidait à Poussery en 1789.

Anne-Elisabeth, fille de Louis-Alexandre, épousa Nicolas marquis de Fussey et hérita de son père.

De sorte qu'en 1789 le seigneur du Tremblay et de Montaron était le marquis de Fussey ; Gabrielle de Reugny, épouse du marquis de Vitry, était seigneur de Poussery, Pouligny et le Bazois.

Montaron, avec justice, en 1789, relevait de Château-Chinon ; Poussery et le Bazois, avec justice, relevaient de Vandenesse. Pouligny relevait du duché, mais sa justice était unie à celle de Poussery.

On voit Montaron et Poussery portés aussi comme arrière-fiefs de Champlevois. Nous renvoyons aux notes pour servir à l'*Histoire de la commune de Montaron*, par M. V. Gueneau, quant à ce qui est de Montaron à la part de Champlevois.

Page 61. — L'importance du bailliage de Nevers est exagérée ici pour les besoins de la cause : nous constatons cependant, avec de nombreux documents antérieurs à 1789, que le bailliage duché-pairie de Nivernois, non-seulement égale en son étendue, mais encore surpasse plusieurs bailliages et présidiaux. (Lettres-patentes données par le roi au duc de Mantoue, le 1er mai, pour le duché de Nevers, portant confirmation expresse de tous les officiers du bailliage.) Indépendamment des affaires produites par la ville de Nevers et tout l'arrondissement du bailliage dans un pays relativement très-peuplé , le bailliage connaissait exclusivement de toutes les affaires domaniales du duché, de toutes contestations, tutelles, inventaires des vassaux du duché et des nobles y résidant, recevait encore, comme pairie, les appels de sept autres villes, de plus de vingt-cinq châtellenies et d'environ mille justices particulières ; mais combien de ces justices avaient, suivant l'expression des anciens auteurs, dépéri, absorbées par d'autres justices ou unies, et ne figuraient plus en réalité que sur la carte.

Page 71, note n° 2. — Le seigneur féodal avait ordinairement un manoir où il exerçait ses droits de seigneurie dans son domaine. Le seigneur justicier avait aussi un manoir dans le territoire de sa justice. C'était le plus souvent un château-fort. A cause de ce château, les hautes justices étaient nommées châtellenies. Mais presque toujours un seul château commandait au pays, dont le propriétaire était seigneur féodal et justicier à la fois. La Coutume de Nivernais (tit. I<sup>er</sup>, art. 24), parmi les preuves qu'elle exige pour caractériser une châtellenie, réclamait le droit de ressort : aussi les seigneurs, jaloux de ce droit de ressort, qui leur conservait la puissance publique et leur constituait une véritable souveraineté sur les sujets de leurs vassaux, ne faisaient jamais de concessions de justices sans se réserver le droit de ressort. C'était là une sorte d'exception à la maxime : fief et justice n'ont rien de commun. De sorte que le terme de châtellenie comprenait toutes les justices qui ressortissaient au chef-lieu. La Thaumassière (cent. 3, chap. XII) établit que le mot de châtellenie dans une coutume emporte de plein droit tous les fiefs et toutes les justices qui en dépendent. Le terme de châtellenie indiquait donc une seigneurie supérieure autant pour les fiefs que pour les justices et comprenait tout un territoire avec tous les fiefs anciennement érigés par les inféodations. Mais cela, en la règle générale du moins, car en fait les territoires de châtellenies étaient couverts de fiefs et de justices relevant soit du roi, soit d'autres seigneurs.

Nous disons, pages 72 et 73, comment les châtellenies du duché perdirent leur droit de ressort. Guy-Coquille (sur l'art. 15, qu. 142 et p. 515 de son histoire) explique la chose ainsi :

Autrefois, dans chaque châtellenie de la province, il y avait deux degrés de juridiction : la prévôté, qui était la justice ordinaire du chef-lieu et de la banlieue, et la juridiction du châtelain, qui connaissait par appel des causes de la prévôté et de celles des autres justices dépendant de la châtellenie ; mais, en 1563, l'édit de Roussillon ayant réduit à un seul degré toutes les juridictions du même lieu, le duc de Nevers fit, l'année suivante, un réglement aux termes duquel

il ne laissa qu'un seul juge dans le chef-lieu de chaque châtellenie ; les justices inférieures qui, auparavant, ressortissaient aux châtellenies, vinrent dès-lors par appel au bailliage de Nevers *omisso medio.*

Les chefs-lieux retinrent cependant le nom de châtellenies
et la division de leurs anciens ressorts se retrouve tant dans
les procès-verbaux des assises du bailliage que dans les
comptes du receveur général du duché. (Consulter, à la
bibliothèque de Nevers, le compte des recettes et dépenses du
duché pour les années 1784 et suivantes, où l'on voit établis
dans ce dernier document les prix de ferme, des greffes, des
terriers...)

Il fut jusqu'à la fin intéressant de ne pas ignorer à quel
ressort avait appartenu un territoire, pour savoir s'il avait
conservé l'usage du partage égal entre les héritiers mâles et
femelles. (Mémoire servant de réponse pour Mᵉ Vincent
Baudot, notaire et procureur à Tannay, Anne-Françoise
Gaulon, sa femme, et autres, et pour les maire et échevins
de la ville de Tannay, contre Bourgier, procureur fiscal de
la châtellenie de Champallement, par Bert de La Bussière.)
Mémoire conservé aux archives départementales.

Page 77. — Rétablir cette phrase : Du moins nous la
jugeons telle aujourd'hui, etc., de la façon suivante : Du
moins nous la jugeons telle aujourd'hui, en constatant que
les deux bailliages, aussi malades l'un que l'autre, et tant
peu solide était leur situation réelle, n'avaient plus
alors, etc. Ajouter *est* entre 1789 et tout.

Page 73. — Au lieu de il n'y eut plus *dès-lors* qu'un seul
degré de juridiction, lisez *il n'y eut plus qu'un seul degré
de juridiction.*

Page 79. — *Au moment où le goût de la centralisation
de tous les pouvoirs entre les mains du roi...* ajoutez : *était
absolu...;* puis, au lieu de *mais au point de vue des attributions,* lisez *et au point de vue des attributions.*

Page 81. — Au lieu de *c'est grâce seulement à ce dépôt...*

lisez *c'est grâce seulement au dépôt de ces minutes dans les archives du département...*

Page 82. Article *Cougny*. — Dernier seigneur, Andras vicomte de Marcy.

Page 83. — *Haute, moyenne et basse justice de Marzy.* — Derniers seigneurs, Bernard-Paul-Sébastien du Bois et Jacques-Hilaire du Bois de Marzy.

Page 84. — *Nyon*, ayant justice *petite*, lisez *grande*.

Page 85. Article *Rosemont et Luthenay*. — Dernier seigneur de Rosemont, Claude-Laurent Chambrun d'Uxeloup.

Page 85. Article *Prye*. — A la fin du dix-huitième siècle, le comte du Bourg, à cause de la dame de Las, son épouse, déclarait, d'après les termes d'un aveu du 18 avril 1677, que par un ancien démembrement tombé entre ses mains, les habitants et paroissiens d'Imphy étaient de serve condition et qu'il protestait de les réduire à la même servitude en cas qu'ils ne justifieraient d'un titre suffisant de leur prétendu affranchissement ; que les habitants du village d'Imphy, Chazault, Curtil, le Vernet et la Rue-Coure, les métairies de Boullon, de Vaux, les Places et Lignières, étaient justiciables de lui, seigneur, qui avait droit d'y établir des officiers ; haute et basse justice.

La terre et seigneurie d'Imphy relevait du duché de Bourbonnais, châtellenie de Moulins, suivant actes de foi et hommage des 13 juillet 1609, 18 juin 1720, 2 juin 1723. Michel de Las de Valotte avait acquis cette terre d'Alphonse-François de Simiane, et celui-ci de Marie Cazimire, princesse royale de Pologne, suivant acte reçu Guieuchon, notaire à Paris, du 17 avril 1720.

Même page 85. Article *Peuilly*. — La paroisse de Sermoise se divisait, comme celle d'Imphy, en Sermoise-Bourbonnais et Sermoise - Nivernais. La terre, justice, seigneurie et château de Sermoise relevait du comté de Sagonne-en-Berry, suivant un aveu reçu Viguier, notaire, du 27 novembre 1700. Peuilly relevait du duché de Nevers, suivant dénombrement reçu Decolons, notaire, du 9 février 1702.

Page 86. Article *Toury-en-Séjour*. — Lisez *archiprêtré de Saint-Pierre* au lieu de *archiprieuré*.

Page 87. Article *Azy*. — Au lieu de *Deux-Villel*, lisez *Deux-Ville*.

Page 89. — La terre, justice et seigneurie de Montigny, à la part des Bordes, relevait du duché, et en partie du roi ; les droits de justice, cens et rentes avaient été acquis de l'évêché de Nevers, le 22 septembre 1563, par Henry de L'Hôpital, seigneur des Bordes, qui fit aveu du 28 avril 1658, foi et hommage au roi des 26 septembre 1702 et 27 octobre 1716. (Voir article *Saint-Martin-d'Heuille*, page 55.) La terre, justice et seigneurie de Montigny, à la part de Marcilly, relevait de Nevers en partie et de Saint-Pierre. Les actes d'hommage et d'aveu cités sont fournis au roi.

On trouve aussi, du 1er février 1783, aveu et dénombrement fournis au bureau des finances de Moulins, pour le roi, par Jean-Baptiste Gauthier d'Opter (Aubeterre) et Gabriel Gauthier, de la terre et seigneurie de Montigny-aux-Amognes, ayant haute, moyenne et basse justice, devant Lethuillier, notaire à Nevers.

Page 90. Article *Barge*. — Les fief, justice et château de Barges, paroisse de Magny, appartenant aux héritiers Merigot de Barges, bourgeois de Paris, relevaient du duché, suivant dénombrement fourni par Pierre de Roffignac, le 18 novembre 1632, reçu Micault, notaire à Nevers.

Page 90. Article *Les Granges*. — Aveu au duché reçu Pilloux, notaire à Magny, du 30 août 1744.

Page 90. Article *Planchevienne*. — Dénombrement, reçu Pilloux, notaire, des 4 juillet 1739 et 3 mai 1748.

Page 90. Article *Meauce*. — Merigot de Barges, au lieu de Merigot de Berger.

Page 91. Article *Villars*. — Les fief, justice et maison seigneuriale de Villars et de Grandchamp. Dénombrement reçu Pilloux, notaire à Magny, du 12 novembre 1734.

Page 94. Article *Beauvoir*. — La terre, justice et seigneurie de Saint-Germain, ayant haute, moyenne et basse justice, et château de Beauvoir.

Beauvoir ayant appartenu à Bonfils, qui l'avait acheté en 1719 de Faure Dardagny, avait été acquis par Quesnay devant Lupuy et Degeau, notaires à Paris, le 14 février 1720. Le fief de la Motte-Glouvé, relevant de Rozemont, d'après foi et hommage du 16 mai 1646, reçu par Batailler, notaire à Nevers, et foi et hommage devant Angelier, notaire, le 5 juin 1682, n'avait pas de justice.

Page 94. Article *Fleury-la-Tour*, lisez *Fleury-sur-Loire*.

Page 95. Article *Chassenay*. — Chassenay relevait du duché, suivant dénombrement du 11 mars 1719, reçu Têtelette, notaire à Nevers.

Page 95. *Crécy*. — Il s'agit ici de Crécy, paroisse de Saint-Aré, à Carpentier de Crécy, receveur des gabelles à Compiègne en 1720, et non de Crécy-sur-Canne, qui a son article parmi les fiefs de la châtellenie de Saint-Saulge. Antoine-Gaspard de Prévost acquit successivement Germancy, franc-alleu noble, et Crécy. Le précédent propriétaire de Germancy avait obtenu du duc de Nivernais la concession de la moyenne et basse justice dans la partie du territoire s'étendant entre Germancy et la Loire. En 1720, le duc concéda encore au seigneur de Germancy, par accroissement de fief, la haute justice sur le territoire de Châlons, enclavé dans la terre de Germancy. Quand, en 1770, de Provost acheta Crécy (les fief et château de Crécy, le Tremblay et Bois-Baret), il obtint du duc la création d'une justice sur le territoire de Crécy. Il paraît que Crécy jouissait déjà de cet avantage de posséder une justice, mais que l'exercice de cette justice avait été délaissé depuis longtemps. (Décret du Châtelet du 8 juin 1686.) Germancy et Crécy faisaient partie de l'ancienne paroisse de Saint-Aré, nommée Saint-Aré-les-quatre-Cures.

Page 97. Article *Toury*. — Dernier seigneur, Marie-

Jacquette de Bourgoing, veuve de Pierre-Richard de Soultrait.

Page 99. On a oublié de mentionner *Charrin*, ancienne châtellenie ducale réunie à Gannay, avec haute, moyenne et basse justice.

Page 99. Article *Justice moyenne et basse de la Boue.* — Il ne s'agit pas ici de Pouligny-le-Bout, mais de la Boue, fief mentionné page 108, châtellenie de *Savigny* et non de *Luzy*. Ce fief, situé sur la limite des deux châtellenies, est indifféremment attribué à celle de Cercy et à celle de Savigny.

Page 100. Article *Chaudon.* — Lire *Chaudou.*

Page 108. — A ajouter : justices de Rémilly et Apponay, chartreuse ; Rémilly acquis par la chartreuse le 28 juin 1685 de François de L'Hôpital ; relevaient de Savigny (hommage au duché 18 août 1685).

Fief et justice de *Taxilly* à Coujard. Acquisition par ce dernier de la terre de Taxilly du 30 août 1738, reçue par Thierriat, notaire à Luzy.

Page 108. Article *Moulins.* — Au lieu de *la châtellenie*, etc., lisez : la justice de la châtellenie s'étend sur les paroisses d'Onlay en partie, Préporché en partie, et Sermages. Les autres parties de ces paroisses étaient dans la mouvance du comté de Château-Chinon.

Page 110. Article *Monjoux.* — Le fief de Monjoux, appartenant à Guillaume Alloury, relevait du duché, suivant foi et hommage du 22 août 1714, reçu par Guinet, secrétaire de la Chambre des comptes de Nevers. La justice, non unie au fief, appartenait à Sallonnyer.

Page 110. Article *Lieu.* — Ne serait-il pas question ici de Glux (Lyeu), porté dans certains actes comme étant de la justice de La Roche-Millay ?

Page 113. — Lire la dernière ligne du premier paragraphe ainsi : parmi les fiefs du duché, les fiefs de Saint-Pierre ou ceux relevant de Château-Chinon.

Page 113. — Ne figure pas parmi les justices de la châtellenie de Moulins-Engilbert : *Villapourçon*. Villapourçon avait un bailliage établi en 1327, dont les appels se portaient à Moulins avant l'édit de Roussillon.

Page 114. — La paroisse de Glux composait une partie de la baronnie de Glenne (Bourgogne) ; l'autre partie était de la justice de la baronnie de La Roche-Millay.

Page 118. Article *Montbarron*, etc. — Lire *Moulins-Follet*, et non *Moulins, Follet*.

Page 119. Article *Vaucloix*. — Lire : Voir à l'article *moyenne et basse justice de la Croix (de Vauclaix)*.

Page 119. Article *Maison-fort d'Epiry*, etc. — Lire à la dernière ligne : *Réunies* au lieu de *réuni*.

Page 121. Article *Le Montal*, etc. — Les énonciations qui concernent l'état des justices de la paroisse de Dun-les-Places sont confuses. Nous pensons remédier à cette confusion par l'énumération suivante des justices de cette paroisse.

Elle comprenait : 1° la justice de la seigneurie de Dun, siégeant au village de Dun ; c'était la justice des fiefs de Dun et Saint-Marc, auxquels fut uni le fief de Bonnaré. Cette seigneurie fut vendue le 8 février 1680 par la famille de Bourbon-Busset à Charles de Montsaulnin, qui l'acheta afin de compléter le nombre de clochers nécessaires pour l'érection en comté de son fief de Montal ; 2° la justice des *Places*, unie au bailliage de Brassy (bailliage de Brassy et Dun), comprenant dans son ressort partie du village de Dun, Mezauguichard, Mezauguedefroy, les Bourdeaux et Vermot ; 3° la justice du *Montal*, siégeant à Mezaugueux, qui fut réunie à celle de la châtellenie ducale de Saint-Brisson ; 4° la justice du *Part-lès-Gouloux* ou du *Parc*, dans la mouvance de Nevers, châtellenie de Saint-Brisson ; 5° *Vermot* ou *Vermoil*, qui était dans la justice de Brassy et Dun, comme il est dit plus haut ; 6° la justice de *Bornoux*, ressortissant au bailliage d'Avallon.

Page 127. Article *Audenas*. — Les dernières lignes, à partir : *Aveu et dénombrement*, s'appliquent à l'avant-dernier article qui précède, c'est-à-dire à *Anlezy*.

Page 128. Article *Cheniʒot*. — Lire *Guyot* au lieu de *Guoyt*.

Page 129. — Article *Guipy*. — Lire *Couault* au lieu de *Corault*.

Page 130. Article *Mont-sur-Aron* et *Mont-et-Marguereau*, fief et justice à la part des Maillets. — Dénombrement reçu Pougault, notaire à Moulins-Engilbert, du 24 avril 1732, du fief et justice de Mont-sur-Aron à l'abbaye et couvent de Bellevaux; foi et hommage reçu par Moreau, notaire à Château-Chinon, du 18 juin 1713.

(Dans la même paroisse de Limanton, relevant aussi de Bellevaux pour moitié, la terre, justice et seigneurie de Grenesset; dénombrement reçu Pougault, du 24 avril 1732, et foi et hommage reçu L. Moreau, le 18 juin 1723.)

Page 131. Article *Palvaux*. — Les fiefs et basse justice de Palluau, à MM. de Nourry.

Page 132. Article *Semelins*. — Semelin, paroisse de Chevannes-Gazeau, à de Rémigny; seigneurie et justice relevant de la tour quarrée de Saint-Pierre, suivant dénombrement du 20 juin 1728, et hommage des 22 avril 1700 et 21 mai 1723. (Voir page 57 et note rectificative plus haut.)

Paroisse de Maingot, étaient les deux fiefs indiqués dans la note de la page 132, nᵒˢ 2 et 3.

Le premier ayant appartenu à Eustache de La Roche de Loudun et de Châteauvert, vendeurs de Louise-Charlotte de Fontana, veuve de Jacques Méchine de Montanteaume.

Le second, comme il est dit en la note. Lisez, au lieu de *Dubersac, Debersac*.

Page 133 (1). — Les fief, justice et château de Maumigny, paroisse de Verneuil, à Antoine Gondier, sont portés, d'après des registres de fiefs, comme relevant de Châtillon.

Page 134. Article *La Motte-Chamisy*. — La Motte-Chamisy, Marigny et *Brun* ou Brouin, et non Drouin, paroisse d'Aulnay. La terre, justice, seigneurie et château de Brun relevaient de la seigneurie d'Epeuilles, suivant dénombrement reçu Moreau, notaire, le 20 novembre 1717. Il existe un dénombrement au duché de Nevers reçu par Debersac, notaire à Aunay, du 22 décembre 1737.

Page 135. Article *Bizy* — Les fief, justice et château de Bizy et la Maure à Etienne-François-Jean comte de Berthier seigneur de Fougis. La mouvance de la seigneurie de Bizy avait été acquise par Jean de Berthier de Bizy d'Eustache de Charry, baron de Grenant, à cause de sa baronnie de Grenant. Acte Lagoutte, notaire à Nevers, du 19 août 1711. Dénombrement à l'évêché de Nevers du 17 novembre 1694.

Page 135. *Corvol-d'Embernard.* — La justice haute, moyenne et basse à trois piliers et pilori de Corvol ne s'étendait plus au dix-huitième siècle que sur Corvol, Chevannes, la Noue, Vaux-Suifs et Saint-Martin. La paroisse de Corvol suivait la coutume d'Auxerre. Le seigneur, le curé et les habitants se présentèrent à Auxerre en 1561 ; en 1516, à Saint-Pierre, le seigneur seul avait comparu.

Page 135. Article *Lupy.* — Du 1er avril 1784, aveu et dénombrement de la terre et seigneurie, haute, moyenne et basse justice de Lupy, fourni par Etienne de La Roche au duc de Nevers, devant Lethuillier, notaire à Nevers.

Page 135. Article *Giverdy* (Giverdy et non Giverdre). — Lire pour autre *partie, terre*, etc., au lieu de pour autre partie. Terre. — Lire Millot de Montjardin au lieu de Millon de Montjardin.

Page 139. Article *Châtellenie de Champallement.* — Saxi-Bourdon, déjà porté page 124. — Les fiefs de la châtellenie de Champallement étaient, d'après un état ancien : Bordes, Neuilly, Breches, Champagne, Champ-Renault, Chappes, Chatré, Chevanne-Gazeau, Epiry, Etang-Maurin, Lathenon, Lormes, La Motte-Feuilli, Ouagne, Rivière, Saxi-Bourdon, Tignières, Varennes, Bois-Relu.

Page 139. Article *Monceault.* — Depuis que la prévôté de Monceault avait été supprimée ainsi que le ressort de la châtellenie en 1564, la justice qui formait la prévôté était seule restée pour les causes de première instance, avec titre de châtellenie ; en sorte que cette châtellenie, quant à la justice, n'était plus composée, comme autrefois, d'une grande étendue de ressorts et de juridictions inférieures, mais du territoire de l'ancienne prévôté seulement. Cependant, à l'égard des mouvances et des censives, l'état de la châtellenie était toujours le même, et, pour ce qui était des justices de son territoire, singulièrement compliqué.

C'est sur son territoire que se trouvait Saint-Martin-du-Puits (plus exactement du Puy). Cette seigneurie comprenait les villages de Saint-Martin-du-Puy, Jourland, Seneux, les Granges, Neufchèses, Moulin-Demain, Empury en partie et Rouy. C'était une baronnie possédée en *franc-alleu*. En 1542, les officiers du bailliage de Saint-Pierre firent saisir cette baronnie pour non-payement des droits qu'ils prétendaient dus par suite de la mort de Sébastien de Vesigneux. Christophe d'Igny répondait « que cette terre étant un franc-alleu, ne devait aucuns droits, sinon une simple déclaration ». Les officiers de Saint-Pierre ayant persisté dans leurs revendications, le procureur du roi répliqua « que dans le bailliage de Saint-Pierre il y avait plusieurs francs-alleux, mêmement ladite terre de Saint-Martin-du-Puy, qui est *franc-alleu du roi* ; que tous ceux qui ont des francs-alleux dans ledit bailliage, à cause d'iceux les appellations interjettées de leur juge ressortissent immédiatement audit bailliage royal, et que quand il arrive des mutations dans lesdits francs-alleux, il n'est dû aucun profit au roi ni autres à l'instar des fiefs du duché de Bourbonnais, qui ne doivent aucun profit au roi, et les détenteurs ne sont point tenus d'en faire reconnaissance non plus que les détenteurs des francs-alleux, etc... » En 1776, le comte de Bourbon-Busset, baron de Saint-Martin, ayant envoyé une procuration pour que l'on fît en son nom foi et hommage au roi « en la chambre du domaine du Bourbonnais, à Moulins, à cause de son duché de Bourbonnais pour ladite terre tenue *en franc-alleu noble du roi*, par rapport à la grosse tour quarrée du domaine de Saint-Pierre-le-Moûtier, ancien membre du duché de Bourbonnais », Estopy des Vignes, procureur, lui retourna cette procuration comme inutile, attendu que la terre de Saint-Martin étant en franc-alleu n'était sujette à aucun devoir.

Le bailliage de Saint-Martin n'avait pas *dans son ressort,* comme nous l'avons dit à tort, Chalaux, Empury, etc. Il est exact que les seigneurs de Vesigneux avaient pour leurs différentes justices les mêmes officiers, mais chacune des justices des fiefs susdits demeura respectivement dans le ressort de Saint-Pierre ou de Nevers, suivant qu'elle ressortissait originairement à l'un ou à l'autre des bailliages.

Le 18 mars 1769, un arrêt du Parlement de Paris avait donné simplement l'autorisation suivante : « Les officiers de la justice établis par le seigneur pour la baronnie de Saint-Martin sont autorisés à continuer dans l'auditoire de ladite baronnie l'expédition des causes tant civiles qué criminelles des vassaux de ladite baronnie et de ceux des autres terres dudit seigneur situées dans le Nivernais et qui sont de proche en proche. » Aussi, à cette époque, le juge, Marguerite, était appelé aussi bien aux assises de Saint-Pierre qu'à celles de Nevers.

Page 140 et 142. Articles *Breugny, Maisonneuve de Breugny.* — La seigneurie de Breugny avait pour arrière-fiefs *Chaumois, Athée, Saint-André* et *Urbigny.* Il faut lire *La Roiche* et non *la Coche.* Le fief de Breugny comprenait une partie d'Empury, et ses directes s'étendaient sur Barges, Champignolles, Meuleau, Neuffontaines, Rouy, la Rue-Chenot et la Rue-de-la-Croix.

Page 140. Article *Marigny-l'Église.* — C'est à tort que page 51 on indique comme seigneur le comte de Bourbon-Busset. Celui-ci était seigneur de Mont-de-Marigny. Voir page 143. Marigny-l'Église était possédée en franc-alleu et toute justice par la maison de Chatellux.

Page 141. Article *Champ-d'Athée.* — Les justices qui s'étendaient sur Athée étaient celles de Breugny, Chore, Chatellus, Bazoches et Lormes à la part de Châlons ; toutes étaient *indépendantes,* c'est-à-dire non réunies.

Page 142. Article *Lormes*. — Le dernier seigneur de Lormes, à la part de Châlons, fut Joseph-François Le Lièvre, marquis de La Grange.

Page 142. Article *Moussy-Moulinot* et *Moissy-Moulinot*. — Le dernier seigneur de Moissy fut Marie-Anne Merat de Sermizelles, vassal de Bazoches. Moussy avait pour seigneur l'abbé de Mégrigny.

Page 143. Article *Tannay*. — Au lieu de *Ber*, lisez de *Bèze*. Au lieu de *Lecousse*, lisez *Secousse*. La justice de Tannay comprenait Jaugy (lieu détruit à l'est de Tannay), Assenay, au midi, et Tanneault. Tannay touchait à l'ancien territoire de la prévôté de Monceault, alors châtellenie. Les limites de la justice de Monceault s'étendaient jusque dans la ville de Tannay, au-devant d'une maison dite des Cliquets, où se trouvait un pilier servant de borne aux trois justices, celle de Tannay, celle de Monceault, celle de Metz-le-Comte.

Page 143. Article *La Motte-de-Marigny*. — C'est le *Mont-de-Marigny*. Le nom primitif était la Roche-Berteaux. On peut considérer que ce fief n'en formait qu'un avec le *Meix-de-Chalaux* et le quart dans la grande dîme de Marigny, qui se percevait sur les finages de Marigny-l'Église, Marigny-la-Ville, Queuzon et non Gueuzon (page 141), Courotte, Crottefou, etc. Les comtes de Bourbon-Busset y avaient haute, moyenne et basse justice.

Page 143. Article *Vesigneux*. — C'est à tort que la justice haute, moyenne et basse de Vesigneux figure page 58 comme relevant de Saint-Pierre. Les appels étaient portés à Nevers, comme en font foi les archives de Vesigneux. Il faut lire Razou au lieu de Razon. Razou n'était pas une dépendance de Vesigneux ; mais Razou et Vesigneux appartenaient au même propriétaire, ainsi que Mallerin, Monteny et non Montceluy. La paroisse de Brassy comprenait plusieurs fiefs principaux, dont Razou et le Meix-de-Brassy, possédés par les seigneurs de Vesigneux, avec haute, moyenne et basse justice. La justice de Razou embrassait Razou, Razelot (aujourd'hui Gouvault), Brassiot, Monchelnot, Lavault-de-Brassy, les ouches du Puy et des maisons à Brassy, Mallerin, Vielfou ou la Montée, Villotte, l'Huis-Valletois, l'Huis-Boulher et Bonnetré, Vaucornuault et Montour.

Page 143. — Voir la note sur Mazignen, à tort appelé Mazinien. Le village de Mazignen se divisait en trois parties, mais il n'y avait à proprement parler de seigneurie qu'à Mazignen-Busset, qui occupait le centre du village, avec haute, moyenne et basse justice, qui s'étendait sur *Vermot*, *Vaucornuault* et une partie de *Crottefou*. Il faut lire *Maʒignen-Busset*, *Maʒignen-Coutaule*.

*Suryonne* (page 143). — Cette paroisse appartenait en 1789 à M. de Fourvières. M. de Chéveru était seigneur de Brèves et de Sardy-les-Forges.

*La Maison-Dieu*, paroisse démembrée de Brèves, vers 1660, se composait des hameaux et territoires de la Maison-Dieu, Forbet et Soulery.

Cette paroisse a des hameaux portés sur les cartes comme dépendant de châtellenies différentes.

Page 144. Article *Barges*. — Bien qu'appartenant au même propriétaire que Vesigneux paraît avoir toujours été un fief distinct en toute justice.

Page 144. Article *Chalaux*. — On a vu *Chalaux* figurer parmi les justices relevant de Saint-Pierre. Cependant, dans une réponse en date du 10 octobre 1652 faite aux officiers du duché, il est dit que « les justices de Chalaux, Moncrecon ou Moncorcon (et non Moncoreau) et la Vernée ne connaissent par appel que la pairie de Nivernais, ce qui s'observe journellement ».

Page 144. Article *Saint-André*. — Les seigneurs de Vesigneux possédaient dans la paroisse de Saint-André les fiefs de *Saint-André en partie*, *Athée* et *Urbigny* (ayant tous les trois pour fief dominant *Breugny*), *Villurbin*, la Grange-*Loyselot* et *Serée*. Serée et Villurbin étaient du ressort du Parlement de Dijon.

Page 144. — Article *La Roche-Buteau.* — Il s'agit ici de la Roche-Berteaux, qui s'appelait alors le Mont-de-Marigny.

Page 145. Article *Bailly.* — Le Bailly, paroisse de Magny-Lormes. Foi et hommage par Ragon au comte de Château-Chinon devant ses officiers, du 18 septembre 1778. Aveu et dénombrement par Ragon devant Desmolins, notaire à Lormes, du 18 septembre 1778.

Page 145. — *Les Aubus*, paroisse de Lormes ; dernier seigneur, Mathurine Rousset, épouse de Claude-Bonaventure Rocheux.

Page 145. — *Crost d'Achun*, paroisse d'Anthien.

Page 146. Article *Mhers.* — Foi et hommage en raison des justice, droits honorifiques, etc., par le baron de Choiseul au comte de Château-Chinon, devant les officiers du bailliage de Lormes, du 1er octobre 1777. Voir page 180.

Page 146. Article *Ponteau.* — Au lieu de : *d'après la liste de fiefs de 1745*, lire *la liste des fiefs relevant de Châtillon en 1735.*

Page 146. Article *Etoulle*, paroisse de Poussignol-Blisme, vassal de Château-Chinon, suivant dénombrements des 22 décembre 1725, 22 septembre 1724 ; foi et hommage du 25 octobre 1617. Suit le sort de Quincize.

Page 147. Article *Vielmoulins.* — Lisez *Villemoulins.*

Page 148. Article *Brèves.* — Dernier seigneur, François-Germain-Zacharie-Louis de Chéveru.

La paroisse de *Brèves* se composait, en outre du chef-lieu, des hameaux de Sardy, Suryonne, la Maison-Dieu, Forbet et Sous-le-Ris. Brèves avait une justice particulière relevant de Clamecy.

Page 148. Article *moyenne et basse justice d'Asnois.* — Le dernier seigneur fut César Le Muet de Turigny, seigneur de la poté et baronnie d'Asnois.

Page 148. *Clamecy.*

Voici comment est décrite la justice de Clamecy *dans la*

*déclaration et reconnaissance des droits seigneuriaux du duc de Nivernois à Clamecy du 15 mars 1612 :*

« Droits de justice haute, moyenne et basse, tant en la ville et faubourg de Clamecy qu'aux villages de la Vervoille, Moulot, Baugy, Beaulieu, Sambert, Saint-Maurice, la Forest et l'Hermitage. Justice haute et moyenne ès-terres de Pressure et Ris, appartenant aux Chevalier, comme aussi haute et moyenne justice en la terre appelée le Plessis, appartenant au seigneur de Brèves, en la terre de Champmorot, appartenant au seigneur de Gauvillo, et Domecy-sur-le-Vault, qui n'auraient que droit de basse justice ès-dits lieux de Pressure, Ris, le Plessis et Champmorot.

» Les droits de châtellenie s'étendent en la ville de Clamecy, de laquelle sont dépendants Ris, le Plessis, Champmorot, l'Ouagne, Beuvron, Villiers-sur-Beuvron, Surgy, Creux, Flée, Breugnon, Villaine, Latrault, Quincy-les-Varzy et la Grange-Treillard. »

Consulter aussi, aux archives de Clamecy, le dernier acte de reconnaissance des droits seigneuriaux du duc de Nivernais à Clamecy du 2 juin 1784.

Page 149. *Quincy-sur-Yonne.* — La seigneurie de Quincy ou Cuncy avait la haute, moyenne et basse justice sur un territoire assez restreint avant l'adjonction de celles de Valleron et de partie de Villiers.

La seigneurie de *Villiers* était divisée en deux parties : celle dépendant de l'abbé de Vézelay (voir page 58), réduite de près de moitié par suite de l'attribution que se fit Philippe le Long de l'autre partie, qui passa ensuite aux comtes de Nevers, puis aux seigneurs de Cuncy. Ces deux parties n'avaient que la moyenne et la basse justice. La haute appartenait au roi, et à ce titre Villiers ressortissait à Saint-Pierre-le-Moûtier.

Il n'y avait pas à Villiers de procureurs fiscaux entretenus. Le juge de Clamecy et celui de Domecy étaient chargés, pour une partie chacun, d'y rendre la justice.

Page 154. Après *Maurice-sur-Ocres.* — Nous n'avons indiqué que les paroisses du Nivernais et Donziais dont les cahiers furent déposés à Auxerre. Il fut donné défaut contre les autres paroisses. Dans le cahier des pétitions de l'ordre du clergé du bailliage d'Auxerre (Fournier, imprimeur du clergé d'Auxerre, 1789), on voit figurer un grand nombre de prêtres de la partie nord du Nivernais.

Page 155. *Magistrats du bailliage et principaux juges.* — Nous avons vu que la configuration du sol n'a jamais réuni naturellement les territoires soumis à tel ressort, qu'en matière de géographie coutumière ou justicière ne régnait aucune unité ; la diversité n'était pas moindre pour les offices. Le roi ne pouvait destituer son juge, tandis que les seigneurs avaient ce droit, sauf aux Parlements, sur la plainte des officiers révoqués, à apprécier si ces destitutions n'étaient pas arbitraires. Les magistratures du bailliage ducal étaient constituées en offices vénaux : les institutions des magistrats seigneuriaux n'étaient subordonnées à aucune condition pécuniaire ; les greffes étaient donnés à ferme.

Mais une sorte d'unité existait quant aux conditions que devaient remplir les magistrats : à la fin de l'ancien régime, en effet, ces magistrats ne pouvaient être choisis que parmi les personnes présentant les mêmes garanties de capacité enviéuses d'une situation plus honorée que lucrative.

Leur indépendance était assurée par la dignité de leur caractère : en 1783, le duc de Nivernais destitua un premier avocat général au bailliage, Me Maillot, aux offres de lui rembourser le prix de sa charge. C'était, à cette époque, devant le bailliage qui, malgré l'arrêt du réglement du 8 août 1712 (cité par Guyot, *Répertoire de jurisprudence,* v° *Juges des seigneurs*), jugeait des affaires concernant le duc lui-même, une série de procès, que le duc perdait tous. Outré des défaites que lui faisaient subir ses propres officiers, le duc menaçait d'envoyer à Nevers *une colonie d'avocats* pris à Paris qui composeraient un bailliage plus docile. Maillot se pourvut devant le Parlement.

Il faut lire le mémoire qu'il publia à cette occasion et où il reproduit les protestations indignées des corps ecclésiastiques, de ses confrères du bailliage, des avocats, des procureurs, des officiers des eaux et ·forêts, des officiers de l'élection, des juges-consuls, des notaires, pour se former une idée du degré d'indépendance de ces officiers du bailliage placés à une grande hauteur dans l'estime publique par leur savoir, leur intégrité, la situation de leur famille et souvent l'importance de leurs biens.

Ne cherchez pas, en Nivernais, parmi les juges de village, « ces juges guestrés, ignares et méchants, qui convertissen[t] leurs justices en mangeries, » d'après Loyseau, dans son discours sur les abus des justices de village.

Il est bien vrai qu'en Nivernais les anciennes ordonnances et l'édit de 1693, qui obligeaient le juge nommé par le seigneur à prêter serment et à se faire recevoir aux justices royales, ne semblent pas avoir reçu toujours leur complète exécution ; il est bien vrai aussi que la multiplicité des petits tribunaux, dont certains n'avaient même pas de justiciables, étaient de nature à favoriser des abus sans nombre. En fait, cependant, on citerait peu de juges sans capacité et à la dévotion des seigneurs. Il serait facile, et l'intérêt de recherches sur ce point serait piquant, d'établir que ces juges avaient généralement une instruction supérieure à celle de la plupart de nos juges de paix actuels.

Lire, au lieu de Guillier de *Monchamey*, Guillier de *Monchamois*.

Page 158, note 1. — Lisez *Poissons* au lieu de Boisson.

# TABLE DES MATIÈRES.



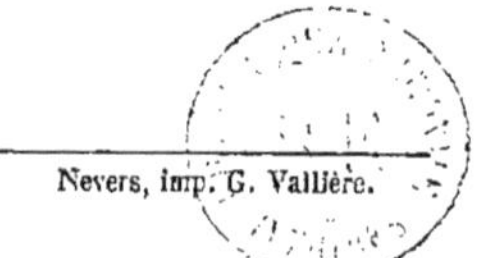


Nevers, imp. G. Vallière.